어린이가 알아야 할
식량 위기와
미래 식량
이야기

어린이가 알아야 할
식량 위기와 미래 식량 이야기

초판 1쇄 발행 2023년 6월 20일

지은이 박하연
그린이 박선하
펴낸이 이지은 **펴낸곳** 팜파스
기획편집 박선희
디자인 조성미 **마케팅** 김서희, 김민경
인쇄 케이피알커뮤니케이션

출판등록 2002년 12월 30일 제 10-2536호
주소 서울특별시 마포구 어울마당로5길 18 팜파스빌딩 2층
대표전화 02-335-3681 **팩스** 02-335-3743
홈페이지 www.pampasbook.com | blog.naver.com/pampasbook
이메일 pampasbook@naver.com

값 13,000원
ISBN 979-11-7026-575-7 (73520)

ⓒ 2023. 박하연

· 이 책의 일부 내용을 인용하거나 발췌하려면 반드시 저작권자의 동의를 얻어야 합니다.
· 잘못된 책은 바꿔 드립니다.

어린이가 알아야 할
식량 위기와
미래 식량
이야기

박하연 글 | 박선하 그림

팜파스

= 어린이 친구들에게 =

"잘 먹겠습니다!"

우리는 하루 삼시 세끼를 먹을 때마다 감사한 마음을 담아 인사를 해. 아침, 점심, 저녁으로 먹는 매 끼니는 우리에게 너무도 당연한 일상이야. 맛있는 밥을 먹고 힘을 내어 건강한 하루하루를 보내지. 그런데 만약 이 감사한 한 끼를 먹을 수 없게 된다면 어떻게 될까? 아마 잘 상상이 되지 않을 거야. 당장 편의점이나 마트에만 가도 맛있는 음식이 잔뜩 있고, 우리 집 냉장고에도 먹을 것이 항상 들어 있으니까.

언제부터인가 먹을 것은 늘 충분한 것처럼 여겨졌어. 배부르거나 입맛이 없어서 안 먹는 일은 있어도, 먹을 것이 없어서 안 먹는 일은 흔치 않게 되었지. 하지만 사실 우리가 먹는 식량은 지금 위태로운 상

황에 빠져 있어. 그 결과, 지구 곳곳에는 식량이 없어 기아로 고통 받는 일이 늘고 있어.

　식량 위기를 몰고 오는 요인은 한두 가지가 아니야. 지구 온난화로 인한 기후 위기, 팬데믹과 같은 국가 간 봉쇄, 다양한 국제 분쟁 등이 우리가 먹을 식량을 위험에 빠트리고 있지. 이런 요인들이 식량과 무슨 상관이 있는 걸까? 이 책에서 우리의 식탁을 위협하는 이 요인들에 대해 차근차근 살펴보려고 해. 그로 인해 세계의 식량이 긴밀하게 연결되어 있고, 여러 문제들이 생겨나고 있다는 것을 이야기해 보려고 해. 그리고 미래의 안전한 식량을 위해 무엇을 대비해야 할지도 함께 고민했으면 해.

　우리는 식량 없이는 살아갈 수 없는 존재야. 그렇기 때문에 항상 식량의 소중함을 느끼고 식량을 잘 마련하기 위한 노력을 기울여야 해. 그렇지 않으면 언제나 당연하게만 여겼던 따뜻한 밥상이 사라질 수도 있기 때문이야. 이 책을 통해 식량 위기에 대해 알아보고, 앞으로 우리의 식량을 위해 어떤 준비를 해야 할지 함께 생각해 보자.

박하연

≡ 차례 ≡

이야기 하나
강원도 특산물이 열대 과일이 되면 어떻게 하지?
8

22 **우리의 식량은 어디에서 나고, 어떻게 우리에게 오는 걸까?**
23 오래전 인간은 어떻게 식량을 얻었을까?
26 식량을 더 많이 얻게 되면서 인간은 더 강해지고, 인구는 엄청나게 늘어났어
28 비료의 발명, 폭발적인 인구 증가를 불러왔어
31 대규모 농업으로 바뀌면서 자급자족이 사라졌어
34 우리의 밥상은 식량 생산 대국에서 온 먹을거리들로 채워지고 있어

이야기 둘
아무리 돈이 많아도 식량을 구할 수 없다면?
36

46 **기후 위기, 전염병, 국제 분쟁 등이 식량 위기를 불러온다고?**
47 식량은 과연 언제까지나 풍족할까?
50 지구의 기온이 1도 오를수록 우리가 먹을 식량은 줄어들어
53 태풍과 홍수, 기름진 땅에 수해가 닥쳤어
56 폭염과 가뭄, 식량 선진국마저 위기에 빠뜨려
59 지구 온난화로 우리나라의 작물을 키우는 환경이 급격히 달라지고 있어

불편한 미래 식당   62
이야기 셋

- 76   식량 위기는 모두에게 똑같이 찾아오지 않는다
- 77   세계적인 식량 생산 국가들은 대부분 경제력이 강한 나라들이야
- 79   매년 전 세계 음식의 30%가 버려지고 있다고?
- 81   열악한 시설로 인해 애써 구한 식량을 먹지도 못하고 버리고 있어
- 83   음식물 낭비를 줄이기 위한 실천을 해 보자

어서 오세요! 미래 식량 박람회입니다   86
이야기 넷

- 96   미래에 지속 가능한 식량을 위해 우리는 어떤 일을 해야 할까?
- 97   탄소 배출을 줄이고 지구 온난화를 막기 위해 노력해야 해
- 98   육식을 줄이고 채식 위주로 식사하자
- 99   로컬 푸드를 먹자
- 101   스마트 농업으로 식량을 더욱 많이 생산하도록 노력해야 해

이야기 하나

강원도 특산물이 열대 과일이 되면 어떻게 하지?

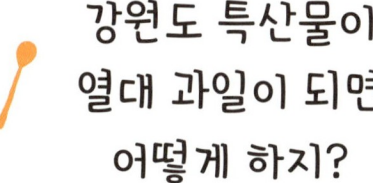

"엄마, 또 비 와요."

연지는 후두둑 소리를 듣고 창밖에 내다보며 말했다. 신문을 보던 엄마는 그런 연지의 말에 슬쩍 창밖 하늘을 보고는 혀를 내둘렀다.

"아휴, 요즘 날씨를 종잡을 수가 없네. 맨날 비가 오락가락하니 말이야."

엄마의 말대로 요즘은 하늘의 얼굴이 수시로 바뀌었다. 날이 화창한가 싶으면 어느새 구름이 가득 몰려와 비가 주룩주룩 내렸다. 그것도 순식간에 폭삭 바닥이 젖는 굵은 장대비가 쏟아지기 일쑤였다. 변

덕스러운 날씨 탓에 사람들은 날이 화창해도 우산을 챙겨 나가는 것이 일상이 되었다.

오늘도 마찬가지였다. 한동안 요란한 빗소리가 이어지다 잠잠해졌다. 때는 이때다 하는 얼굴로 엄마는 얼른 장바구니를 챙기며 연지에게 물었다.

"연지야. 엄마랑 오랜만에 마트 갈래? 비도 오는데 우리 맛있는 거 해 먹자."

"좋아요!"

연지는 엄마의 말에 기다렸다는 듯이 냉큼 우산을 챙겨 들었다. 마트를 가는 내내 연지는 콧노래를 흥얼거렸다. 비에 젖은 웅덩이도 폴짝폴짝 뛰었다.

'신난다! 먹고 싶은 거 다 사 달라고 해야지!'

기분이 한껏 좋아 보이는 연지를 보며 엄마도 미소 지었다. 그런데 마트에 도착하자마자 엄마의 얼굴이 점점 굳어 갔다.

엄마는 감자를 집어 들고 가격표를 보았다. 그러더니 이내 고개를 설레설레 저었다.

"세상에……. 가격이 거의 두 배나 올랐네."

엄마의 말을 듣고 연지는 깜짝 놀라 물었다.

"두 배나요?"

"응. 저번에 왔을 때만 해도 이 가격이 아니었는데. 물가가 올랐다고는 해도 이 정도까지인 줄은 몰랐네."

엄마는 아쉬운 얼굴로 감자를 내려놓았다. 그러고 나서 엄마는 마트 카트를 끌고 내부를 한 바퀴 돌았다. 하지만 좀처럼 카트에는 물건이 담기지 않았다. 엄마는 벌써 몇 번이나 식재료들을 들었다 놓았다만 했다. 엄마 곁을 종종 따라다니던 연지는 슬슬 다리가 아파 왔다.

"엄마~ 왜 아무것도 안 사요?"

"가격이 전부 올라서 뭘 사야 할지 모르겠구나."

엄마는 고민 끝에 그나마 저렴한 복숭아와 우유, 달걀 같은 식재료를 카트에 담았다. 평소보다 장바구니는 가벼웠지만 장을 본 비용은 훨씬 많이 나왔다.

엄마는 집에 와서 연지가 좋아하는 달걀 샌드위치와 복숭아 샐러드를 만들어 주었다.

"자, 다 됐다."

"와, 잘 먹겠습니다!"

엄마가 주스를 따르러 간 사이에 연지는 샌드위치를 크게 한입 베어 물었다. 때마침 식탁 위에 놓인 엄마의 휴대폰이 울렸다. 휴대폰

화면에는 삼촌의 이름이 떠 있었다.

"엄마, 삼촌한테 전화 왔어요!"

"그래?"

엄마가 주스 잔을 연지에게 건네고 전화를 받았다. 마침 영상 통화여서 연지도, 엄마도 함께 삼촌을 보며 인사했다. 엄마는 삼촌을 보며 안부를 묻다가 아까 마트에서 본 감자 가격이 두 배나 오른 것을 이야기했다. 삼촌도 감자 가격을 듣고 깜짝 놀랐다.

"요새 밥상머리 물가가 많이 올랐다고 뉴스에도 나오던데, 두 배나 오르다니."

"그러게 말이야. 작년에 비하면 세 배나 올랐어. 모처럼 마트 가서 가득 장을 보려고 했는데, 평소보다 절반도 못 샀어."

"누나. 우리 이웃 중에 감자 농사를 하는 분이 계시니까, 내가 여기서 사서 택배로 보내 줄게."

"정말? 아유. 그럼 고맙지."

"삼촌 짱!"

연지는 엄지손가락을 치켜세우며 화면 속 삼촌을 향해 흔들었다. 삼촌이 크게 웃음을 터트렸다.

"삼촌도 감자를 심으면 좋은데. 배추도 물론 좋지만요."

연지의 삼촌은 강원도 정선에서 배추 농사를 한다. 김장철이 되면 연지네 가족은 항상 삼촌이 보내 준 배추로 김치를 담갔다. 연지의 말에 삼촌은 씁쓸하게 말했다.

"연지야, 삼촌 배추는 올해까지만 볼 수 있단다. 재배 작물을 사과로 바꿀 생각이거든. 삼촌 배추랑은 이제 곧 이별이네."

삼촌의 말에 엄마와 연지는 깜짝 놀라 동시에 외쳤다.

"정말요?"

"진짜? 왜?"

너무 놀란 반응에 삼촌은 머쓱한 얼굴로 고개를 끄덕였다.

"응. 그렇게 됐어."

연지의 두 눈이 반짝였다. 연지가 좋아하는 과일을 세 가지만 꼽으라고 하면 단연 사과, 귤, 딸기다. 그중 하나인 사과의 아삭한 식감과 깨물 때 나오는 달콤한 과즙을 상상만 해도 침이 고였다. 근데 삼촌이 사과를 기른다는 것이다!

"우아! 이제부터는 사과를 잔뜩 먹을 수 있겠네요!"

한껏 좋아하는 연지를 보고 삼촌은 아쉬운 미소를 지었다.

"그런데, 연지야. 삼촌이 사과를 심게 된 게 꼭 좋아할 만한 일은 아니야."

"네? 왜요?"

"여기는 원래 차가운 기후에서 키우는 고랭지 채소들이 유명했단다. 그런데 요즘은 강원도 지역의 기후가 달라져서 고랭지 채소가 잘 자라지 않거든. 그래서 어쩔 수 없이 작물을 바꾸게 된 거야."

삼촌의 말에 엄마는 안타까운 탄성을 내뱉었다.

"나도 동료 기자가 취재한 거 봤어. 강원도의 여름 기온이 많이 올라서 이제는 남부 지방에서 키우던 사과 농사가 잘되고 있다며?"

"응. 이렇게 점점 기온이 오르게 되면 아마 강원도에서 열대 과일을 키우는 날이 올지도 모르겠어."

"에이. 설마요."

삼촌의 말을 듣고 연지가 웃으며 말하자 엄마는 심각한 얼굴로 고개를 저었다.

"설마가 아니야. 원래 사과를 키우던 대구에서는 이제 열대 과일을 키우고 있는걸? 날이 너무 뜨거워져서 사과가 잘 안 자라게 되었다는구나. 그래서 열대작물을 대신 심게 된 거야."

연지는 엄마의 말에 눈이 휘둥그레졌다. 열대작물은 다른 나라에서 들여오는 걸로만 알고 있었는데, 우리나라에서 직접 키운다니까 신기했다. 그런데 왜 엄마와 삼촌은 그걸 안타깝다는 듯이 말할까? 삼촌은 마치 강원도에서 사과를 심게 된 것이 걱정이라는 눈치였다. 그때 엄마가 한숨을 쉬며 말했다.

"삼촌표 황금 배추는 이제 올해가 마지막이겠구나."

마지막이라는 말에 연지도 어쩐지 아쉬운 기분이 들었다. 배추보다 사과를 훨씬 좋아하면서도 말이다. 아쉬운 기분은 연지만이 아니었는지 엄마도, 삼촌도 조금 가라앉은 얼굴이 되었다.

삼촌과 통화를 하고 나서, 연지는 문득 아까 들었던 말이 궁금해졌다. 저녁을 차리는 엄마에게 연지가 물었다.

"엄마 근데 밥상머리 물가가 뭐예요?"

"아, 밥상머리는 보통 우리가 평소에 차려 먹는 집밥 한 상을 이야기해. 그 집밥을 차리는 데 드는 식재료 값을 밥상머리 물가라고 한단다."

엄마의 말에 연지가 고개를 갸웃거렸다.

"근데 그게 왜 갑자기 많이 올랐어요?"

엄마는 곰곰 생각하더니 식탁에 마주 보고 앉았다. 식탁 위에는 엄마가 차리고 있던 여러 반찬들이 놓여 있었다.

"연지야. 우리가 먹는 이 식재료들이 다 어디서 왔을까?"

이번에는 갑자기 엄마가 연지에게 물었다. 반찬 접시에는 고등어조림과 마늘종장아찌, 김치부침개, 브로콜리새우볶음이 놓여 있었다. 연지는 식탁 위에 놓인 접시들을 보며 진지하게 고민하다 말했다.

"밭이랑 바다?"

연지의 대답에 엄마는 웃음을 터트렸다.

"하하. 맞아. 밭에서 키우고 바다에서 잡은 것들이지. 그럼 여기서 우리나라의 밭과 바다에서 난 게 무엇일까?"

엄마의 두 번째 질문에 연지는 당연하다는 듯 대꾸했다.

"전부 우리나라에서 난 게 아니에요?"

"놀랍게도, 여기서 우리나라에서 난 건 하나도 없어."

엄마는 고등어는 노르웨이에서 수입한 것이고, 밀가루는 미국, 새우는 태국, 마늘종과 브로콜리는 중국에서 수입해 들여온 작물이라고 말했다. 세계 곳곳에서 온 식재료가 우리 집 식탁 위에 옹기종기 모여 있었다. 엄마는 연지 앞에 놓인 접시들을 식탁의 모서리 끝으로 각각 밀었다.

"자, 이 식탁이 전 세계라고 본다면, 이렇게 먼 곳에서 우리한테 오는 거야. 우리나라가 다른 나라와 무역을 해서 재료들을 들여오는 거야. 그런 다음 유통을 거쳐서 그 재료들을 우리가 마트에서 쉽게 사는 거지."

연지는 의아한 얼굴로 물었다.

"왜 이렇게 멀리서 식재료를 사 오는 거예요?"

"음, 우리나라에서는 국민이 먹을 식량을 모두 만들기가 어렵거든. 우리나라는 도시에 사람이 주로 살아서 농사를 짓는 사람보다 엄마처럼 회사를 다니며 돈을 버는 사람들이 더 많아. 사실 우리나라만이 아니야. 세계에 있는 여러 나라들이 식량을 다 수입해서 먹고 있어. 농수산물을 많이 키워 내는 몇몇 나라들에서 말이야."

연지는 고개를 끄덕이다 문득 물었다.

"근데 그게 물가랑 무슨 상관이 있어요?"

"보렴. 우리나라에서도 밀가루의 원료인 밀이 나긴 해. 하지만 수입산 밀이 훨씬 저렴하지. 미국이 훨씬 크게 농사를 지어서 밀을 많이 생산해 내기 때문이야. 많이 생산하니까 다른 나라에도 싸게 팔 수 있어. 가격이 싸고 품질도 괜찮기 때문에 우리나라 사람들도 점점 수입 밀을 사게 된단다. 그렇게 되면 우리나라 밀을 찾는 사람들은 줄어들겠지."

연지는 고개를 갸웃거렸다.

"그럼 우리 밀도 싸게 팔면 안 되나요?"

"덩달아 가격을 싸게 매기면 우리나라 농부들은 밀을 팔아 얻는 돈이 거의 없어. 미국은 큰 규모로 농사를 지을 수 있는 땅과 알맞은 기후, 시설들이 있어 밀이 많이 나지만 우리나라는 그렇지 않거든. 열심히 농사지었는데도 그만큼 이익이 나지 않으면 사람들은 밀 농사를 그만하게 되겠지. 우리나라에서 밀 농사를 짓는 사람들이 점점 줄어들면 외국에서 밀을 더 수입해 올 수밖에 없을 거고 말이야."

이윽고 엄마가 조금 심각해진 얼굴로 물었다.

"그런데 갑자기 미국에서 흉작이 되어 밀 생산량이 줄어들거나, 다른 나라로 밀을 보낼 배가 운행되지 않는다면 어떻게 될까?"

연지는 곰곰 생각하다 대꾸했다.

"우리나라도 밀을 사지 못하게 되겠네요?"

연지의 말에 엄마는 고개를 끄덕였다. 과거에는 직접 농사를 지어 작물을 구했다면, 이제는 다른 나라의 작물을 사 오는 세상이 된 것이다. 연지네 식탁 위의 밥상이 세계 곳곳에서 온 작물들로 차려진 것처럼 말이다.

"세계 곳곳에서 온 다양한 외국의 농수산물을 구할 수 있게 된 건 좋은 점이야. 그런데 나쁜 점도 있어. 세계 어느 나라에 흉년이 들거나 무역이 중단되면 우리 밥상에도 그 여파가 온다. 지금 식용유가

비싼 것도 외국의 콩 농사가 흉작이어서 그렇거든. 식용유의 재료인 콩을 구할 길이 없는데 식용유를 사려는 사람은 많아. 그러니 식용유 가격이 오른 거지."

연지는 그제야 어른들이 왜 밥상머리 물가가 갑자기 올랐다고 하는지 알 수 있었다.

"게다가 비싸기만 하면 다행이게? 아예 식재료를 구하지 못하게 될 수도 있어. 그러면 이렇게 풍족한 밥상을 차릴 수도 없게 돼. 실제로 먹을 것이 없어서 굶는 사람들도 늘어났고 말이야."

"정말요?"

연지는 엄마의 말이 솔직히 믿기지 않았다. 언젠가부터 밥을 못 먹는다는 건 옛날에나 있었던 일처럼 느껴졌다. 할아버지가 종종 예전에는 먹을 것이 없어서 나무껍질을 벗겨서 끓여 먹었다는 말씀을 하셨다. 연지는 그것도 그저 과장된 말처럼 느껴졌었다. 실제로 먹을 것이 없어서 밥을 굶는 일은 상상하기 어려웠다. 그냥 밥맛이 없거나 군것질을 많이 해서 밥을 굶는 일은 있어도 말이다.

"우리가 식량을 다른 나라에서 사다 먹게 되면서부터 언제든 식량을 못 구할 수 있다는 위험도 생겨났단다. 많은 사람들이 그걸 잊고 살고 있긴 하지만 말이야."

엄마는 걱정스러운 눈으로 거실 창을 바라보았다. 어느새 하늘이 또 우중충해져서 비가 내리고 있었다.

"게다가 여기에 기후까지 위험을 부추기는 것 같아 걱정이네."

갑자기 기후까지 위험을 더해 주다니 그게 무슨 말일까? 너무 동떨어진 말이 나와 연지의 얼굴이 알쏭달쏭해졌다. 엄마는 연지의 표정을 보고 미소를 지었다.

"밥상머리 물가가 갑자기 오른 것도 그렇고, 삼촌이 사과 농사를 하게 된 것도 기후 위기와 관련이 있거든."

그러고 보니 엄마가 쓴 기사에서도 기후 이야기를 많이 보았던 것 같다. 연지는 엄마의 말에 덩달아 창밖을 보았다. 장마철도 아닌데 계속해서 비가 주룩주룩 내리고 있었다. 하늘에 잔뜩 낀 먹구름이 뭔가 심상치 않은 비밀을 품고 있는 것처럼 보였다.

우리의 식량은 어디에서 나고, 어떻게 우리에게 오는 걸까?

우리는 아침에 일어나면 아침밥을 먹고, 점심시간이 되면 점심밥을 먹어. 저녁 시간이 되면? 당연히 저녁밥을 먹어야지. 대부분의 사람들에게 끼니는 생활 속 당연한 일상이야. 어떨 때는 입맛이 없다고 끼니를 귀찮아하는 사람들도 있어. 맛있는 반찬이 없다고 밥을 남기는 것도 흔히 있는 일이지. 그런데 이 하루 세 번 돌아오는 식사는 절대 당연하게 이루어지는 게 아니란다. 우리에게 식량이 있기 때문에 가능한 일상이야.

만약에 말이야. 식량이 부족해서 당장 하루에 한 끼만 먹어야 한다면 어떻게 될까? 그것도 지금처럼 풍족한 밥상이 아니라, 간신히 허기만 가실 정도로 적은 양만 먹는다면? 아마 잘 상상되지 않을 수도 있어. 하지만 먹을 것이 없어서 끼니를 굶고, 하루 종일 굶주린 채 지내는 사람들은 지금도 있어. 굶다 못해 죽는 사람들도 있어. 게다가 점점 늘어나고 있지.

인간이 살아가는 데 필요한 기본 조건을 '의식주'라고 해. 의복, 집, 식량은 인간답게 살아가는 데 반드시 필요하지. 이중 인간의 생명에 가장 큰 영향을 주는 것을 꼽으라면 바로 '식'일 거야. 먹을 것이 없다면 우리는 굶주리게 되고 건강을 위협받게 돼. 너무 심하게 굶으면 죽음에 이를 수도 있어. 이렇게 식량은 인간이 살아가는 데 반드시 필요한 존재야. 그렇다면 우리가 먹는 식량은 어떻게 생겨나고 또 어떻게 우리에게 오는 걸까?

오래전 인간은 어떻게 식량을 얻었을까?

아주 먼 옛날, 수백만 년 전에 살던 우리의 조상들은 먹을 것을 어떻게 얻었을까? 나무에서 떨어지는 열매를 주워 먹거나, 바다에서 물고기를 잡고 들판에서 사냥을 해서 먹을 것을 얻었어. 바로 수렵과 채집 생활을 해서 식량을 얻었던 거야.

글립토돈을 사냥하는 팔레오인디아인의 모습

그런데 나무의 열매는 열매가 무르익는 계절에만 얻을 수 있는 식량이었어. 열매가 없는 계절에도 인간은 먹어야 하는데 말이야. 그래서 대부분의 경우 인간은 먹기 위해 사냥을 해야 했지. 인간은 몸집이 큰 동물들에게 쫓기고 다른 인간들과 경쟁을 벌이며 사냥을 했어. 그때 인간에게 식량을 얻는 일이란 목숨을 걸어야 하는 위험한 행동이었어. 그리고 인간은 식량을 찾아 끊임없이 장소를 옮겨 다녀야 했지. 이렇게 식량을 얻는 것이 쉽지 않았기 때문에 당시 인류는 얼마 되지 않았어. 지금이야 인간이 지구에서 가장 강력한 종이지만, 그때는 그저 지구에 있는 나약한 한 동물에 불과했어.

그렇게 힘겹게 식량을 얻다가 인류는 무언가 알게 돼. 바로 떨어진 씨앗에서 나무 혹은 풀이 자란다는 것을 알게 된 거야. 나무에서 열리는 열매나 작물을 얻기 위해 인류는 땅에 씨앗을 심었어. 인류는 땅에 곡식을 심고 기다려서 그해 알곡을 거두었어. 좀 더 곡식이 잘 자라는 땅에 모여서 함께 씨를 뿌려 농사를 지었지.

그렇게 해서 농경(農耕) 사회가 시작되었어. 지금으로부터 약 1만 년 전 농경 사회가 시작되면서 인류의 문명도 시작된 거야. 농사로 먹을 식량이 늘어나자 인간의 수도 늘어났어. 수렵 채집으로 식량을 구해 살아갈 때보다 인구의 수가 더욱 많이 늘어났지. 늘어난 사람을 먹여 살릴 만큼 식량이 충분했기 때문이야.

수가 늘어난 인간들은 모여 살기 시작했어. 전에는 가족 단위로 모

고대 이집트 센네젬의 묘에서 나온 "쟁기질하는 사람"의 그림

여 살았다면, 이제는 마을 단위로 집단이 커졌어. 사람이 많아지자 강한 동물이 공격해도 함께 힘을 모아 해치울 수 있었지. 인간은 점점 강한 존재가 되어 갔어. 농사를 짓고 가축을 기르면서 식량을 더욱 많이 늘렸지. 식량이 늘자 인구 수는 더 늘어났어. 마을에서 도시, 나라로 인간의 집단은 더욱 커지게 되었어. 점점 큰 집단을 이루면서 도구를 쓰고, 서로 협력을 하며 인간은 지구에서 가장 강력한 동물이 되었지. 먹이 사슬의 가장 높은 층에 자리하게 된 거야.

**식량을 더 많이 얻게 되면서
인간은 더 강해지고, 인구는 엄청나게 늘어났어**

UN이 보고한 세계 인구 수 전망 보고서에 따르면 2022년 말 세계 인구는 80억 명을 돌파했어. 불과 100여 년 전인 1920년에 세계 인구는 20억 명이 채 되지 않았어. 그런데 100년 사이에 60억 명이나 늘어난 거야. 이렇게 100년 사이에 빠르게 전 세계의 인구가 늘어나게 된 이유는

인구 80억명 돌파!

식량이 있어 더 많이 늘어나게 된 사람들의 수

뭘까?

그 이유는 바로 '식량'에 있어. 인간이 먹을 것들이 늘어났기 때문이야. 과거에는 먹을 것이 없어 살아남을 수 없었던 사람들이 이제는 먹을 것이 충분해져서 살아남게 되었고, 자손도 더 퍼뜨리게 된 거지. 다시 말해 식량은 인간이 살고 죽는 것에 바로 영향을 준다는 이야기야.

"전 세계의 인구 수가 이렇게나 늘어난 것은 그만큼 식량이 많아졌기 때문입니다!"

자, 그렇다면 먹을 것은 갑자기 어떻게 늘어나게 된 걸까? 자연에서 얻을 수 있는 먹을거리는 늘 한정되어 있거든. 바다에서 잡은 물고기가 갑자기 늘어났을 리가 없고, 농사가 매년 풍년이 된 것도 아니고 나무에서 떨어지는 열매가 갑자기 많아졌을 리가 없잖아. 자연스럽게 환경에서 먹을 것을 얻는 데는 분명 한계가 있었어.

그래서 인간은 방법을 강구하기 시작했어. 먹을 것을 더 많이 얻는 방법을 생각해 내게 된 거야. 거기에는 과학 기술의 발전이 큰 도움을 주었어.

비료의 발명, 폭발적인 인구 증가를 불러왔어

오랜 시간 동안 농사를 지으면서 인류의 농업 기술도 발전했어. 작물을 2가지 이상 돌려 심는 '윤작'과 같은 기술로 식량을 더 만들려고 애를 썼지. 하지만 한번 농사를 지은 땅은 작물을 키워 내는 데 필요한 양분이 없어져서 지력(地力, 농작물을 길러 낼 수 있는 땅의 힘)이 떨어졌어. 땅을 다시 비옥하게 만들려면 그 땅에 또 농사를 짓지 말고 땅이 천천히 회복할 수 있도록 오랜 시간을 기다려야 했지. 그 시간만큼 그 땅에서는 식량을 얻을 수 없게 되는 거야. 인구는 점점 늘어나고 있는데, 땅이 비옥해질 때까지 농사를 지을 수 없으니 식량은 점점 부족해졌지.

" 식량은 산술급수적으로 늘어나는데 인구는 기하급수적으로 늘어납니다. 결국 넘쳐 나는 인구로 인해 식량은 부족해지게 될 겁니다! "

_토마스 맬서스

게다가 『인구론』을 쓴 영국의 경제학자 토마스 맬서스(1766~1834)는 인구 수에 대해 위와 같은 주장을 했어. 식량은 같은 시간 동안 같은 양이 늘어나지만, 사람은 같은 시간 동안 훨씬

토마스 맬서스. 1833년도 초상화

『인구론』 1798년 초판 표지

많은 인원이 늘어난다는 거지. 그렇기 때문에 인간은 식량 부족을 피할 수 없게 된다는 거야.

1900년에 들어서면서 인구 수는 더 늘어났어. 그만큼 식량은 더 필요해진 거지. 당시 전 세계 사람들은 약 16억 명에 이르렀는데 부족한 식량에 허덕여야 했어. 가축의 분뇨를 땅에 뿌려서 비료로 썼는데, 그때 신대륙에서 칠레 초석이 발견되었어. 칠레 초석에는 땅이 힘을 회복하는 데 필요한 질소가 풍부했어. 유럽에 있는 사람들은 칠레 초석을 사들여 와서 비료로 썼지. 하지만 칠레 초석은 값도 비싸고 비료가 필요한 모든 지역에 뿌릴

프리츠 하버. 1919년경

비료의 효과를 보여주는 사진. 왼쪽 밭은 비료를 사용하지 않았고, 오른쪽 밭은 비료를 써서 농작물이 더욱 잘 자랐다.

수도 없었어.

그러던 1909년 독일의 과학자 프리츠 하버와 카를 보슈는 인류의 삶에 엄청난 변화를 가져다줄 발명을 하게 돼. 바로 화학적인 방법을 통해 '질소 비료'를 만들어 낸 거야. 그것도 초석처럼 매장량이 한정된 것도 아니었어. 왜냐하면 이 질소 비료는 공기만 있으면 만들 수 있었거든. 프리츠 하버는 공기 중에 있는 질소를 이용해 고온, 고압 상태에서 암모니아를 합성해 냈어. 이 암모니아를 가지고 비료를 만들어 내는 거야. 이 엄청난 발명으로 프리츠 하버는 '노벨 화학상'을 받게 돼.(그런데 하버의 명성은 제1차 세계대전에 쓰인 독가스를 만들면서 빛이 바랬지.)

땅에 필요한 질소가 풍족해지자 전과는 비교할 수 없을 만큼 많은 농산물이 생산되었어. 맬서스의 예측은 보란 듯이 빗나갔고 인구의 수만큼 식량 수도 폭발적으로 늘어났지. 그렇게 해서 2022년 전 세계 인구는 80억 명에 달했고 지금도 계속해서 늘어나고 있어. 우리의 식량은 어떨까? 인구가 늘어나는 만큼 앞으로도 계속해서 늘어날 수 있을까? 분명한 건 앞으로 우리가 늘어난 인구만큼 식량을 많이 생산해 내지 않으면 식량 위기에 맞닥뜨릴 수 있다는 거야.

대규모 농업으로 바뀌면서 자급자족이 사라졌어

산업 혁명이 일어나서 농업에도 다양한 기술이 쓰이게 되었어. 과거에는 일일이 손으로 농사를 지었다면 이제는 트랙터, 이앙기와 같은 농기계로 빠르고 더 큰 규모로 농사를 짓게 되었지. 과학 기술로 해충을 잡는 농약도 생겨나고, 재해에 강한 품종도 개발해 냈어. 그러면서 농부 한 사람이 만드는 식량은 더욱 많아졌어. 대규모 농업을 하게 된 거야.

또한 다양한 산업이 시작되면서 농업보다는 공업이 더욱 활발해졌

산업이 발달하면서 공장과 회사가 있는 농촌을 떠나 도시로 이동하는 사람들

어. 과학 기술과 산업이 발전하면서 사람들은 농업보다 공업, 서비스업, 사무직 등을 직업으로 삼게 되었어. 그에 따라 사람들은 이제 농촌을 떠나 도시로 와서 일하고 살게 되었어. 자연스럽게 농사를 짓는 사람들은 줄어들었지.

옛날에는 직접 논과 밭에 씨를 뿌리고 길러서 자신이 먹을 것을 스스로 만들어 냈어. 다시 말해 자급자족(自給自足)을 한 거지. 하지만 이제는 전문적으로 농업 기술과 기계를 써서 대규모 농업을 짓는 사람들만 주로 농사를 지어. 도시에 사는 사람들은 이들이 만들어 낸 식량을 사다 먹는 생활로 바뀌게 되었어.

과학이 발전하면서 산업의 무대는 이제 전 세계가 되었어. 우리는 인터넷으로 세계 어느 곳과도 소통할 수 있고, 세계 어디서든 직업을 구할 수 있게 되었지. 농업도 마찬가지야. 우리는 전 세계에서 길러 낸 농수산물을 사다 먹을 수 있고, 또 팔 수 있어. 나라와 나라 간의 거래인 무역을 통해서 농수산물을 사거나 팔 수 있지.

우리나라의 경우는 농업보다 공업, 상업, 서비스업이 발달해서 그 분야에서 일하는 사람들이 훨씬 많아. 우리나라만이 아니야. 싱가포르와 같은 도시 국가 역시 농업보다 관광, 서비스업, 금융업 등이 훨씬 많아. 이런 나라들은 자기 나라에서 직접 길러 낸 농수산물로는 자국민이 먹을 식량을 다 채울 수 없어.

자, 우리나라의 상황을 살펴볼까? 인구 수에 비해 우리나라에서 나는 식량은 턱없이 부족해. 산간 지역이 많아서 농사를 지을 땅이 부족하고, 농사를 짓는 사람들도 적기 때문이야. 이렇다 보니 우리나라는 쌀 정도만 우리나라에서 필요한 만큼 생산할 수 있어. 다른 많은 먹거리는? 모두 외국에서 수입을 해서 채우지. 주로 식량을 많이 만들어 내는 몇몇 나라에서 사와. 다른 산업으로 번 돈으로 식량을 사는 거야.

우리의 밥상은 식량 생산 대국에서 온 먹을거리들로 채워지고 있어

지금 마트를 가 보면 여러 나라에서 온 다양한 먹을거리를 만날 수 있어. 미국에서 수입해 온 오렌지, 체리, 호주에서 수입한 소고기, 중국에서 온 채소 등등. 다른 나라의 식재료를 마트에서 쉽게 만날 수 있지.

그런데 자세히 살펴보면 식량의 주 원료가 되는 곡물 등을 만들어 내는 나라는 그렇게 다양하지 않아. 몇몇 나라들이지. 미국, 중국, 브라질, 인도, 러시아와 같은 곡물, 축산물, 수산물을 많이 생산해 내는 몇몇 나라들을 '식량 생산 대국'이라고 말해. 이 식량 생산 대국들이 전 세계의 식량을 모두 공급하고 있다고 봐도 과언이 아니야.

세계 3대 식량 작물인 밀, 옥수수, 쌀을 많이 생산하는 나라들 역시 이 식량 생산 대국들이야. 이 식량 생산 대국들은 좋은 기후와 환경 속에서, 과학 기술과 거대한 자본(돈)을 들여서 엄청난 규모로 농사를 지어. 그래서 작물의 질도 좋고 많은 양의 작물을 거둘 수 있어서 값도 싸게 매길 수 있어.

농사를 짓고 싶어도 환경이 잘 맞지 않거나 농업이 취약한 나라의

식량 생산 대국들

경우에는 직접 농사지어 먹을 것을 생산하는 것보다 이 식량 생산 대국에서 식량을 사 오는 것이 훨씬 싸고 편리해. 그래서 이 식량 생산 대국에서 무역을 거쳐 많은 농산물을 들여오는 거지. 우리 집의 밥상에 우리나라에서 난 것보다 외국에서 난 먹을거리가 더 많은 이유야.

이야기 둘

아무리 돈이 많아도 식량을 구할 수 없다면?

"신 기자님, 무슨 기사 써요?"

"아, 유 기자님."

동료 기자인 유 기자가 신 기자의 모니터를 들여다보았다. 신 기자는 지구 온난화로 인해 과일의 재배 지역이 점점 달라지고 있는 것에 대한 기사를 쓰고 있었다. 남동생의 일을 계기로 직접 강원도에 가서 농산물 재배 현장을 취재하고 온 터였다. 강원도에 가 보니, 이상 기후와 지구 온난화로 농부들이 농작물을 키우는 데 많은 어려움을 겪고 있었다.

"세상에, 이러다 강원도에서 귤을 키우는 날도 오는 거 아니에요?"

"정말 그렇게 될지도 모르지요. 지구의 기온이 계속 오르면 우리나라도 온대 기후가 아니라 아열대 기후로 바뀐다고 하니까요. 이제 우리나라 대표 과일이 사과, 배가 아니라 망고, 파파야가 될지도 모르겠네요."

신 기자는 씁쓸한 얼굴로 웃었다. 신 기자의 딸 연지가 제일 좋아하는 과일이 사과와 배다. 그런데 지구 온난화가 계속된다면 사과와 배는 우리나라에서 재배하기가 힘들어진다고 한다.

얼마 전에 해외로 기후에 대한 특집 취재를 다녀온 유 기자도 고개를 끄덕이며 말했다.

"외국도 지금 기후가 달라져서 난리예요."

유 기자의 말에 신 기자는 관심을 보였다.

"참, 이번에 취재한 특집 기사는 잘되어 가나요?"

"네. 정말 살풍경이 따로 없더군요."

유 기자는 취재를 하러 방문한 미국 서부의 옥수수밭을 떠올렸다. 우리나라 면적의 세 배나 되는 옥수수밭이 온통 메말라 있는 풍경은 마치 암울한 미래를 경고하는 듯했다.

"보십시오. 땅이 바짝 말랐습니다."

유 기자와 함께 취재를 온 크리스는 쭈그려 앉아 흙을 매만졌다. 촉촉해야 할 흙은 마치 가루처럼 흩날렸다. 그 모습에 유 기자는 혀를 찼다. 벌써 22년째 가뭄이라면서 크리스가 옥수수밭을 보며 넋두리를 늘어놓았다.

"지구 온난화가 심해질수록 가뭄이 심각해집니다. 기온이 오를수록 공기나 땅에 있는 수분이 없어지지요. 땅이 메마르면 식량도 잘 자라지 않아요. 그만큼 식량을 얻기가 힘들어지는 겁니다."

크리스는 씁쓸한 얼굴로 옥수수밭을 바라보았다. 바싹 마른 옥수수

밭은 올해도 흉년이라는 것을 알려 주고 있었다. 유 기자는 침통한 표정으로 입을 열었다.

"너무 안타깝네요. 하지만 솔직히 말하면 우리나라에 사는 사람들은 대부분 식량 위기가 얼마나 심각한지 잘 모르고 있어요."

"유 기자님의 나라만 그런 게 아닙니다. 돈이 많은 나라에 사는 사람들이나, 이상 기후의 피해가 적은 나라에 사는 사람들은 대체로 식량이 부족하다는 걸 실감하지 못하고 있어요."

크리스의 말에 유 기자는 말했다.

"도시에 살면 더더욱 못 느끼기 쉽지요. 농작물이 크는 걸 볼 기회가 없으니까요. 가뭄이 얼마나 심각한지, 식량이 얼마나 부족한지 직접 체감할 수 없을 거예요. 저만 해도 취재를 하러 옥수수밭에 오지 않았다면 가뭄이 이 정도로 심한지 몰랐을 테니까요."

그러자 크리스가 심각하게 말했다.

"기후 위기는 날씨 문제로만 봐서는 안 돼요. 식량 문제로 더 크게 고통을 받을 가능성이 커요. 이제 식량 위기에 대한 대비를 본격적으로 해야 됩니다. 인구는 늘고 있는데, 더 이상 식량이 나지 않으면 아무리 돈이 많아도 소용없어요. 이제 기후 위기를 더 이상 남의 이야기처럼 느껴서는 안 됩니다."

유 기자도 크리스의 말에 고개를 끄덕였다. 메마른 땅은 기후 위기가 만들어 낸 식량 위기를 증명해 주고 있었다.

유 기자의 이야기를 들은 신 기자는 깊은 한숨을 내쉬었다. 다른 나라들도 식량 문제가 심각했다. 무언가를 생각하던 신 기자는 모니터 화면에 어떤 지도를 띄웠다.

"유 기자님. 이것 좀 보세요. 우리나라 작물의 재배 지도를 조사하면서 알게 된 거예요. 지구 온난화 때문에 작물을 재배할 수 있는 한계선이 점점 북쪽으로 올라오고 있어요. 앞으로 세계의 재배 지도도 달라지게 될 거예요."

"그렇군요."

두 사람은 함께 모니터를 유심히 들여다보았다. 과거에 기름진 땅에서 곡식을 많이 키워 내던 나라들이 지금은 그러지 못하고 있었다. 기후 위기로 인해 가뭄, 홍수, 해수면 상승이 들이닥쳐 농사를 망치고 있었던 것이다.

더 심각한 것은 그런 나라들이 주로 저위도 열대 지역에 있다는 것이었다. 이 지역에는 개발 도상국과 작은 섬나라들이 많이 있었다. 신 기자가 유 기자에게 말했다.

"지금 지구 온난화가 심해지면서 빙하가 녹아 해수면이 오르고 있잖아요? 여기 이 나라들이 제일 피해를 크게 입고 있어요. 점점 바다에 땅이 잠기고 있거든요."

"가뜩이나 먹을 것도 적어서 기아 문제가 심각한데 엎친 데 덮친 격이네요."

신 기자의 말에 유 기자도 맞장구쳤다. 신 기자는 고개를 끄덕이며 지도를 살펴보았다.

"맞아요. 육지로 바닷물이 들어오기 시작하면 해안가에 있는 땅부터 소금기가 배어들어요. 그러면 그 땅에는 더 이상 작물이 자라지 못해요. 먹을 물도 마찬가지로 오염되지요. 방글라데시가 대표적인 경우예요. 여기 보세요. 방글라데시는 삼각주 지역에 자리하고 있어서 과거에는 농업이 아주 잘되는 나라였어요."

신 기자는 모니터 속 지도에 나온 갠지스강의 삼각주 지역을 가리켰다. 이 지역은 강의 하구에 만들어진 퇴적층이라 매우 기름진 땅이다. 그래서 방글라데시는 벼농사가 잘되어 세계적인 곡창 지대로 유명했다.

"그런데 기후 위기로 하루가 멀다 하고 이곳에 홍수가 나고 있어요. 이상 기후 때문에 강이 범람하고 제방이 무너지기 일쑤지요. 해수면이 올라오면서 바닷물도 육지로 침투해 버렸고요. 이곳은 이제 곡물이 자라지 않는 땅이 되었어요. 방글라데시에서 농사를 지었던 농민들은 모두 빈민이나 기후 난민이 되었고요."

신 기자는 이번에는 북쪽으로 올라와 러시아를 가리켰다.

"그런데 예전에는 꽁꽁 얼어붙어서 농사를 지을 수 없었던 땅들은 사정이 달라졌지요. 지금처럼 기온이 오르면 앞으로 작물을 키우기에 적합한 땅이 될 수도 있는 거예요."

유 기자도 취재를 하면서 이 소식을 들었다. 꽁꽁 얼어 아무것도 키워 낼 수 없었던 시베리아가 녹아서 농사를 지을 수 있게 되었다. 점점 생산할 수 있는 곡물의 양과 종류도 늘고 있었다.

신 기자는 마저 설명을 이어 나갔다.

"러시아는 시베리아에 농사지을 땅이 점점 넓어지고 있어요. 원래는 몹시 추웠던 지역인데 지구 온난화로 점차 온대 지역이 되어 간다고 해요."

"이대로 가다가는 북극에서도 농사를 지을지도 모르겠어요."

신 기자의 농담에 유 기자는 정말 우스갯소리처럼 들렸으면 좋겠다고 생각했다. 하지만 결코 웃을 일이 아니었다. 지구 온난화가 그 정도로 진행된다면 지구에 남은 자연들은 더 파괴되어 갈 것이다. 그리고 인간이 살기에 힘든 환경이 될 것이다. 점점 기온이 오를수록 바닷물은 더 육지로 차오르고, 이상 기후는 심해진다. 그렇게 되면 작물을 키워 낼 땅은 더욱 줄어들 테니 말이다.

"이제 식량 위기는 우리 코앞까지 닥쳐온 현실이에요. 사람들이 좀 더 관심을 가져야만 해요."

"맞아요. 지금부터라도 대비를 해야죠."

"그런 의미에서, 우리 둘 다 이번 기사를 잘 써 봐요. 이런 사실을 세상에 잘 알려야죠."

"네. 힘냅시다."

유 기자는 신 기자의 어깨를 두드리고는 자리로 돌아갔다. 신 기자는 걱정스러운 눈빛으로 모니터를 다시 보았다. 남동생의 일로 시작한 기사이지만 기사를 쓰면서 신 기자는 사명감이 들었다. 되도록 많은 사람이 식량에 대해 관심을 갖게 되었으면 하는 마음이었다. 신 기자는 다시 의욕적으로 팔을 걷어붙이고 기사를 작성했다.

기후 위기, 전염병, 국제 분쟁 등이 식량 위기를 불러온다고?

　전 세계 나라들이 식량을 많이 수출하는 몇몇 나라들에게서 식량을 사다 먹어. 값싸고 질 좋은 식량을 언제든 사 올 수 있다면 이렇게 몇몇 나라에서 식량을 사서 먹는 게 큰 문제가 아닐지도 몰라. 식량을 많이 생산해 수출하는 식량 생산 대국들은 전 세계 사람들이 충분히 먹을 만큼 식량을 생산해 내고 있으니까.

　그런데 만일 이렇게 나라 간 거래를 통해 식량을 사고파는 데 문제가 생긴다면 어떨까? 이 문제로 인해 더 이상 식량을 사 올 수 없게 된다면? 그럴 때는 어떻게 식량을 마련해야 할까?

식량은 과연 언제까지나 풍족할까?

　한 나라의 국민이 먹을 식량을 그 나라에서 얼마나 생산해 내는지를 비율로 나타낸 것을 '식량 자급률'이라고 말해. 우리나라는 곡물 자급률이 20% 정도 되는 수준이야. 경제협력개발기구(OECD)에 속한 국가 중 식량 자급률이 가장 낮은 나라야. 앞서 이야기했듯이 우리나라는 국토의 대부분이 산간 지역이고, 농업에 종사하는 인구가 적기 때문이야.

　사실 이렇게 낮은 식량 자급률은 이제까지는 별다른 문제가 되지 않았어. 필요한 식량을 그만큼 다른 나라에서 사들여 왔거든. 쌀을 뺀 다른 곡물들은 사실상 수입해서 먹고 있지. 이렇다 보니 우리나라는 세계 7위 곡물 수입국(2020년 기준)이야.

　그런데 갑자기 이 식량을 수입해 오는 데 커다란 문제가 생겼어. 그로 인해 전 세계의 식량 가격이 급격하게 올랐지. 어떤 문제들인지 하나씩 살펴보자.

● 코로나19 바이러스와 같은 전염병의 출현

팬데믹 봉쇄로 물류가 막히다

 바로 코로나19 바이러스야. 2019년 12월에 발생한 코로나19 바이러스가 전 세계를 덮쳤어. 바이러스가 전파될까 봐 많은 나라들이 국경을 봉쇄했어. 나라 사이를 오가는 배나 비행기 등도 운행을 중단했지. 나라들을 오가며 화물을 전달해 주는 '국제 물류 활동'도 중단되고 말았어. 운행이 중단된 화물에는 식량도 있었지. 즉, 국제 물류가 막혀서 식량을 수출하는 나라들은 식량을 팔지 못하고, 식량을 수입하는 나라들은 사지 못하게 된 거야.
 식량을 사는 나라들은 원래 수입해 오던 나라 대신에 다른 데서 식량을 구하느라 진땀을 뺐어. 하지만 그런 노력에도 불구하고 어쩔 수 없이 식량이 부족해져서 농수산물의 물가가 치솟았지.

● 러시아-우크라이나 전쟁과 같은 각종 국제 분쟁

전쟁으로 식량을 수출하거나 수입하지 못하게 되다

각종 국제 분쟁 혹은 전쟁도 식량 위기를 만들 수 있어. 2022년 러시아와 우크라이나의 전쟁과 같은 국제 정치도 식량에 큰 영향을 미쳐. 우크라이나는 세계적인 밀 생산지야. 그런데 러시아가 우크라이나에서 전쟁을 일으켜 우크라이나 국토는 초토화가 되었어. 우크라이나는 밀을 수출하기는커녕 생산하기도 어려운 상황이 되었지. 우크라이나로부터 밀을 사 오던 나라들은 전쟁으로 밀을 살 수 없게 되어 속수무책으로 식량난을 겪어야 했어. 전쟁을 하는 러시아 역시 세계적인 식량 수출국이기에, 전 세계의 식량 위기는 더욱 심각해졌지.

이렇게 전 세계의 식량을 몇몇 나라에서 주로 공급하다 보니 전혀 예상치 못한 식량 위기가 생겨나게 돼. 식량은 있어도 국제 분쟁으로 인해 공급이 이루어지지 않으면 식량을 수입하는 나라들이 굶게 되는 거야. 식량을 대부분 수입하는 우리나라 역시 세계의 분쟁에 쉽게 밥상을 위협받고 있어.

● 기후 위기

제일 심각한 위험 요소가 남았어. 바로 기후 위기야. 지구의 인구는 점점 늘어나 80억 명을 넘어섰어. 인구가 늘어나는 만큼 인구가 먹을 식량도 많이 필요해져. 그런데 기후 위기 때문에 전 세계 곳곳에서 작물을 심고 길러 내는 과정에 큰 문제가 생겨나고 있어. 앞으로 다가올 식량 위기는 이 '기후 위기'와 큰 관련이 있어. 특히나 우리나라를 비롯한 아시아와 아프리카 대륙에 있는 나라들은 기후 위기가 불러올 식량 위기에 처할 위험이 매우 큰 편이야. 기후 위기에 대해서 더욱 자세히 살펴보자.

지구의 기온이 1도 오를수록 우리가 먹을 식량은 줄어들어

아마 대부분의 사람들이 '지구 온난화'라는 말을 들어 본 적이 있을 거야. 슬프게도 이제 지구 온난화라는 말은 우리의 일상처럼 아주 익

숙해져 버렸어. 지구 온난화는 말 그대로 지구의 기온이 점점 올라가고 있다는 뜻이야.

지구 온난화의 원인으로는 대표적으로 인간이 활동하면서 만들어 내는 온실가스(이산화탄소, 메탄, 아산화질소 등)가 있어. 전기

열매 맺을 시간 없이 기온이 올라 생장이 멈추는 작물

를 만드는 화력 발전, 자동차, 다양한 산업 현장에서 쓰는 화석 연료에서 많은 온실가스가 나와. 이 온실가스가 지구 온난화를 더욱 심하게 만드는 거야.

지구의 기온이 자꾸 오르면 우리의 밥상에는 무슨 일이 생길까? 지구의 기온이 오르면 오를수록 식량을 얻는 양은 줄어들게 돼. 세계적인 과학 도서『거주불능 2050 지구』에서는 지구의 기온이 1도 오르면 식량 생산량이 10% 줄어든다고 말해. 기온이 오르면 작물이 성장하는 속도가 빨라지기 때문에 그만큼 열매나 알곡을 맺기 힘들어지는 거야. 열매를 맺으려면 충분한 시간이 필요한데 미처 그럴 시간이 없이 성장이 끝나 버리는 거지.

이뿐만이 아니야. 지구 온난화로 인해 극지방의 빙하가 녹게 되는

빨간색 지역은 해수면이 6미터 상승할 경우에 잠기는 지역이다
출처: NASA

데 그 결과로 바닷물의 표면, 즉 해수면이 점점 올라와. 그로 인해 낮은 지대에 있는 땅이나 해안가 지역의 경우 물에 잠기게 돼. 인구는 점점 늘어서 식량을 더 많이 생산해야 하는데, 식량을 재배할 땅은 줄어들고 있는 거지.

또한 지구 온난화는 이상 기후도 불러와. 이전에는 본 적 없는 이상한 날씨가 계속되는 거야. 기온이나 날씨가 비정상적인 상태가 되는 거지. 이를 테면, 극심한 가뭄, 엄청난 폭우, 강력한 태풍, 타는 듯한 폭염 등이 지구촌 곳곳에서 나타나고 있어. 이와 같은 이상 기후는 식량을 생산하는 데 무척 안 좋은 영향을 끼쳐.

태풍과 홍수, 기름진 땅에 수해가 닥쳤어

방글라데시는 예로부터 '풍요의 땅'이라고 불리었어. 강물이 바다와 만나는 벵골만에 있는 삼각주 지역에 위치하고 있어서 아주 기름진 땅과 풍부한 수원을 가졌기 때문이야. 삼각주 지역은 하천에서 들어온 영양분이 퇴적되어 생긴 땅이기 때문에 영양분이 많이 있어. 때문에 이곳에서 농사를 지으면 작물이 아주 잘 자라. 그래서 방글라데시는 '아시아의 곡창 지대'라고 불리었어.

앞서 인구 수가 늘어나는 데 꼭 필요한 것이 식량이라고 말했잖아? 방글라데시는 인구가 1억 7000만여 명으로, 전 세계적으로 인구 밀도가 아주 높은 나라야. 많은 사람들이 먹고살 수 있을 만큼 작물이 잘 자랐기 때문이지.

그런데 이렇게 비옥한 땅을 가진 방글라데시가 지금은 식량을 수입하는 나라야. 왜냐고? 바로 잦은 태풍과 홍수로 인해 농사지은 작물을 제대로 수확하지 못하고 있기 때문이야. 인구는 많은데 말이지. 특히 세 차례나 홍수 피해가 있었던 2017년에는 쌀을 수입하는 양이 확연히 늘어났어. 비옥한 땅을 가져 곡창 지대로 불리었던 방글라데시

2007년 사이클론 시드르에 침수된 방글라데시 마을
출처: U.S. Marine

가 이렇게 식량난에 허덕이게 된 것은 이상 기후 때문이야.

UN의 보고에 따르면 방글라데시는 기후 위기에 가장 취약한 나라 중 하나야. 국토의 1/3이 저지대에 속해 있어서 해수면이 상승하면 땅이 잠겨서 큰 피해를 입게 돼. 기껏 농사를 지은 벼들이 바닷물이 범람해서 들어온 염분으로 인해 쌀로 수확할 수 없게 되는 거야. 뿐만 아니라 이상 기후로 벵골만에 상습적인 홍수와 사이클론이 일어나 논밭은 물론이고 삶의 터전이 망가지는 일들이 되풀이되고 있어. 기후 위기가 방글라데시의 식량 위기를 몰고 온 거지.

2021년 방글라데시의 하시나 총리는 유엔기후변화협약 당사국총회(COP26)에서 전 세계가 지구 온난화를 막는 데 앞장서야 한다고 외쳤어.

" 선진국들은 탄소 배출량을 줄인다는 약속을 반드시 지켜야 합니다. 그리고 개발 도상국이 '탈탄소화'를 이룰 수 있도록 도와야 합니다."
_하시나 방글라데시 총리

엎친 데 덮친 격으로 러시아-우크라이나 전쟁으로 인해 방글라데시의 식량난은 더욱 심각해졌어. 결국 2022년 방글라데시는 식량난으로 인해 국제통화기금(IMF)에 재정 지원을 요청했어. 기후 위기로 시달리던 고질적인 식량 문제에 또 다른 위기가 더해지자 결국 국제 사회에 도움을 요청할 수밖에 없게 된 거야.

방글라데시는 지금도 매년 사이클론과 해수면 상승으로 기아에 시달리다 난민이 되는 사람들이 늘고 있어. 이것이 방글라데시만의 문제일까? 그렇지 않아. 우리가 기후 문제와 식량 문제를 함께 생각해야 하는 이유야.

폭염과 가뭄, 식량 선진국마저 위기에 빠뜨려

**"식량 위기로 전 세계에
재앙이 닥칠 수도 있습니다."**
_안토니우 구테흐스 UN 사무총장

　식량 위기를 부채질하는 건 홍수와 태풍만이 아니야. 이상 고온, 폭염, 가뭄도 식량 위기를 불러오지. 게다가 2022년에 찾아온 엄청난 폭염과 가뭄은 자연 조건과 기술력이 충분한 식량 선진국들도 피해 갈 수 없었어.

　유럽, 미국, 중국 등은 물론이고 인도, 파키스탄과 같은 남아시아 지역은 폭염과 가뭄으로 식량을 생산하는 데 큰 어려움을 겪었어. 유럽은 500년 만의 가뭄, 미국은 1200년 만의 역대급 가뭄이라고 말할 만큼 지독한 가뭄을 맞았어. 가뭄이 지속되면 땅이 황폐해지고, 작물이 자라는 데 필요한 물을 공급하지 못해서 결국 식량을 생산할 수 없게 돼.

유럽 최대의 밀 수출국인 프랑스는 2022년 가뭄으로 밀 생산량이 전년 대비 7% 넘게 떨어졌다고 해. 세계 2위(2020년 기준) 밀 수출국인 미국 역시 가뭄으로 밀알을 제대로 거두지 못했어. 1위 수출국인 러시아와 5위 수출국(2020년 기준)인 우크라이나는 전쟁으로 곡물 수출이 어려운 상황이지. 유럽의 경우, 라인강부터 시작해 주요 강이 모두 가뭄으로 물줄기가 말라붙었다고 해. 이렇게 가뭄으로 땅이 바싹 마르면 아무것도 자랄 수 없게 돼.

문제는 이러한 나라들이 식량을 주로 많이 생산하는 식량 생산 대국이라는 점이야. 곡물을 주로 생산하는 유럽, 미국, 인도, 중국 등이 모두 가뭄으로 식량을 제대로 만들지 못하고 있는 거야.

가뭄으로 말라버린 미국의 옥수수밭(2013년도)
출처: USDA photo by Bob Nichols

이 나라들이 식량을 많이 만들 수 없게 되면 어떻게 될까? 우선 자국민을 먹이는 데 부족한 식량을 먼저 쓰겠지. 자기 나라의 국민이 먹을 것이 없는데 다른 나라에 식량을 내다 팔수는 없는 노릇일 테니까. 결국 식량을 수출하기 어려워지지. 이것은 곧 식량을 사다 먹는 나라의 식량 위기로 이어져.

**" 작황이 너무 좋지 않아
밀과 밀가루의 수출을 금지합니다! "**

2022년 봄, 세계 2위 밀 생산국(9위 수출국, 2020년 기준)인 인도는 폭염으로 밀의 생산량이 급격이 떨어지자 수출을 금지했어. 자기 나라를 보호하기 위해 자국의 식량을 먼저 마련하기 위한 '식량 보호주의'를 펼친 거지. 이로 인해 국제 밀 가격은 6%나 올랐어. 식량을 사서 먹어야 하는 나라들은 더욱 부담이 커졌지.

이와 같은 사례는 이전에도 있었어. 2010년 러시아 역시 기나긴 가뭄으로 밀 농사가 흉작이 되자 밀 수출을 금지시킨 거야. 이로 인해 러시아의 밀을 주로 사서 먹던 나라들은 갑작스럽게 식량 위기에 빠졌어. 시리아의 경우, 러시아에서 밀을 사 오지 못하게 되자 가뜩이나 불안한 정세가 더욱 나빠져 내전으로 이어졌어. 식량 위기가 곧 나라의 안보에도 큰 영향을 미치게 된 거야.

지구 온난화로 우리나라의 작물을 키우는 환경이 급격히 달라지고 있어

이처럼 식량을 많이 생산하는 나라도 기후 위기를 피해 갈 수 없어. 그래서 언제든 식량이 부족해지면 수출을 금지할 가능성이 있어. 그렇기 때문에 우리나라도 식량의 자급률을 높여야만 해. 식량을 전부 사서 먹게 된다면 기후 위기나 전쟁과 같은 요인으로 식량을 사지 못할 경우에 속수무책으로 식량난에 시달릴 수밖에 없거든.

우리나라는 원래 온대 기후에 속해서 사람이 살기에 적당하고 온후한 날씨를 경험하며 살고 있어. 그런데 지구 온난화로 인해 기온이 점점 오르면서 아열대 기후가 되어 가고 있어. 온대 기후에서 아열대 기후로 바뀌어 가면서 우리나라의 재배 작물도 달라지고 있어. 이전보다 높아진 기온에 원래 키웠던 작물들이 적응하지 못하고 잘 자라지 않게 된 거야. 날씨에 따라 어쩔 수 없이 우리나라의 재배 지도는 달라지고 있어.

강원도　　　　대구　　　　제주도

우리나라 작물의 재배 지역이 달라지고 있다

　대표적으로 사과를 꼽을 수 있어. 예전부터 우리나라에서 사과의 유명 산지는 '대구'였어. 대구는 일조량이 많고, 일교차가 큰 지역이라 사과가 잘 자랐거든. 하지만 기온이 점점 높아지면서 사과를 키우는 지역도 점점 북쪽으로 이동했어. 남쪽보다는 북쪽이 기온이 낮기 때문이야. 점점 북쪽으로 이동하다 이제는 강원도 산지에서 사과 농사를 짓고 있어. 강원도는 차가운 기후라서 고랭지밭에서 배추나 무를 키웠는데, 이제는 기온이 올라 사과를 키울 수 있게 된 거야.

　더 기온이 높아진 남쪽 지방은 이제 무엇을 키울까? 바로 아열대 기후를 가진 나라에서 키우던 작물을 키우고 있어. 망고, 커피, 열대 과일 등이지. 이렇게 작물을 재배하는 한계선이 점점 북쪽으로 이동하게 된다면, 앞으로 우리나라에서 나던 토종 작물이 사라질 날이 얼마 남지 않을 수도 있어.

농촌진흥청 보고서에 따르면 21세기 말이면 우리가 주식으로 먹는 쌀이 25%나 줄어들 거라고 해. 쌀은 우리나라가 유일하게 수입해 오지 않고, 자급자족을 할 수 있는 곡물인데 말이야.

한편으로는 아열대 기후에 맞는 재배 작물을 잘 기르면 되지 않느냐는 시선도 있어. 하지만 빠르게 달라지는 재배 환경에 우리의 농가가 얼마나 잘 적응할 수 있는지도 큰 문제야. 또한 아열대 작물 역시 병충해와 같은 난관이 있어서 작물을 잘 키워 내기에도 쉽지 않아.

앞서 이야기했듯이 우리나라는 식량 자급률이 아주 낮은 나라야. 우리나라가 세계 곡물 수입국 7위로, 대부분의 식량을 사와서 충당해. 그렇기 때문에 이제부터라도 최대한 달라지는 기후에 맞춰 작물을 재배해서 식량을 안정적으로 마련할 수 있도록 큰 노력을 기울여야만 해.

이야기 셋

불편한 미래 식당

"연지야. 아직 멀었니? 친구 생일 파티가 12시라며."

엄마의 말에 시계를 보니 벌써 12시를 향하고 있었다. 연지는 후다닥 선물이 든 가방을 메고 나왔다.

"와, 우리 딸. 오늘 신경 좀 썼는데? 누가 보면 연지, 네가 생일 주인공인 줄 알겠네."

"헤헤. 진짜 설레요. 친구 생일 파티에 처음 가 본단 말이에요."

상기된 얼굴로 자리에서 방방 뛰는 연지를 보고 엄마가 웃었다.

"그래. 친구 생일 잘 축하해 주고, 즐겁게 놀고 오렴."

"네. 다녀올게요!"

연지는 쪼르르 나와 생일 파티 장소인 '미래 식당'으로 향했다. 미래 식당은 연지가 학교 가는 길에 있는 식당이다. 늘 오며가며 여기서 무슨 메뉴를 파는지 궁금했는데 오늘 가 보게 된 것이다.

"맛있는 음식이 잔뜩 있었으면 좋겠다!"

그때 길목에서 민지를 만났다.

"어? 민지야! 아, 안녕하세요."

민지 엄마는 마침 볼일이 있어 민지와 함께 나오는 길이었다. 연지는 두 손을 모으고 공손히 인사했다.

"네가 연지구나. 우리 민지가 맨날 너랑 하린이랑 셋이 삼총사라고 하던데."

"헤헤. 맞아요."

"민지야. 이따 엄마가 데리러 올게. 재미있게 놀아."

"응! 엄마!"

민지 엄마가 볼일을 보러 가고, 민지와 연지는 함께 미래 식당에 들어갔다. 미래 식당은 햇빛이 잘 들어오는 큰 창문과 초록색 화분들이 어우러진 곳이었다. 한쪽에는 뷔페처럼 음식을 담아 올 수 있게끔 조리된 음식들이 먹음직스럽게 놓여 있었다.

벌써 도착한 친구들 몇몇이 큰 테이블에 옹기종기 모여 앉아 있었다. 연지와 민지는 친구들 곁으로 쪼르르 다가갔다. 하린이는 고깔모자를 쓰고 있었다. 민지와 연지가 오자 하린이는 기다렸다는 듯이 생일 케이크를 꺼냈다. 알록달록한 케이크가 정말 예뻐서 아이들은 탄성을 터트렸다. 친구들이 생일 축하 노래를 불러 주고, 심호흡을 하던 하린이가 단번에 촛불 열 개를 껐다.

"하린아. 촛불 날아가겠어!"

친구들이 박수를 치며 하린이의 생일을 축하해 주고 선물을 전해 주었다. 이윽고 기다리던 식사 시간이었다. 몇몇 친구들은 벌써 음식을 떠 왔다. 그런데 다들 생각보다 조금씩 가져와서 먹고 있었다.

'뭐야. 다들 다이어트라도 하는 거야?'

연지가 의아하게 친구들의 접시를 살펴보는데 하린이가 말했다.

"연지야, 민지야. 얼른 음식 떠 와."

"응."

하린이의 말에 연지와 민지는 음식을 가져올 수 있는 구역으로 갔다. 구역 뒤쪽에는 식당 주인이 음식을 조리하고 있었다. 음식 냄새를 맡으니 더욱 배가 고파졌다. 연지는 치킨을 양껏 접시에 담았다. 그런데 식당 벽에 무언가 적혀 있었다.

미래를 위한 미래 식당 규칙 1
먹을 만큼만 접시에 음식을 담습니다.

미래를 위한 미래 식당 규칙 2
접시에 담긴 음식은 싹 비웁니다.

미래를 위한 미래 식당 규칙 3
음식을 남기면 음식이 부족한 나라를 위한
기부금 천 원을 냅니다.

"미래 식당 규칙?"

연지의 혼잣말을 들은 민지가 벽에 적인 것을 읽어 보고는 황당한 표정을 지었다.

"아, 뭐야. 여기 음식 남기면 안 돼?"

"나 이미 잔뜩 음식을 폈는데."

연지는 이미 가득 담긴 치킨을 다시 덜어야 하나 고민이었다.

"저런, 새 접시를 줄게. 먹고 또 먹고 싶으면 다시 담으면 돼."

아이들의 말을 들었는지 식당 주인이 다가와 웃으며 새 접시를 건네주었다. 연지와 민지는 접시에 담을 음식을 신중하게 골랐다.

"민지야."

그때 민지 엄마의 목소리가 들렸다. 볼일을 마치고 가는 길에 잠시 들린 것 같았다.

"재미있게 놀고 있니? 와, 음식 맛있겠네. 근데 왜 이렇게 조금만 먹어."

"이거 남기면 안 돼. 천 원 내야 한단 말이야."

민지의 말에 민지 엄마가 놀란 얼굴로 물었다.

"천 원?"

"응. 저기 봐 봐."

벽에 붙은 안내문을 찬찬히 보던 민지 엄마가 불편한 기색을 보였다.

"그냥 마음 편히 먹으렴. 엄마가 돈 주고 갈게. 그냥 벌금 내. 연지, 너도 넉넉하게 담고."

"정말?"

"그래. 부족한 것보다는 양껏 먹고 남기는 게 낫지. 먹는데 마음이 불편하면 되겠니? 이거 줄여서 얼마나 남는다고 이런 규칙을 만들었나 모르겠네."

민지 엄마의 말에 민지는 신이 나 음식을 이것저것 담았다. 연지는 두 눈을 굴리며 조리대 쪽을 보았다. 민지 엄마의 말이 들렸는지 식당 주인의 표정이 조금 어두워져 있었다.

　　　　　　　　ᘁᘁᘁ

하린이의 생일 파티가 있은 후 일주일이 지났다. 연지, 민지, 하린이는 야구 동호회를 하고 있어서 방과 후 운동장에서 연습을 했다. 연습이 끝나자 어느덧 늦은 오후가 되어 있었다. 땀이 난 이마를 훔치며 연지가 말했다.

"아, 배고파."

하린이는 민지가 선물한 야구 모자를 쓰고 연지가 선물한 에코백을 야무지게 멘 채 말했다.

"맛있는 거 먹으러 갈래?"

"뭐? 어떻게?"

"나만 따라 와."

하린이의 말에 민지와 연지는 서로 보며 어깨를 으쓱했다. 하린이의 뒤를 졸졸 따라가니 어딘지 익숙한 길이었다. 이윽고 길목을 꺾은 뒤 나온 식당을 하린이가 당차게 밀고 들어갔다. 간판을 본 민지는 애매한 표정이 되었다.

"또 여기야?"

하린이가 이미 들어가서 어쩔 수 없이 연지와 민지도 식당에 따라 들어갔다. 하린이가 식당 주인을 보고 반갑게 손을 흔들었다.

"이모!"

"이모?"

연지와 민지는 깜짝 놀라 하린이를 보았다. 식당 주인이 웃으며 하린이에게 다가왔다.

"하린아. 야구하고 왔어?"

"응. 이모, 나 배고파. 헤헤."

하린이가 배를 문지르며 말하자 하린 이모가 웃음을 터트렸다.

"아이고, 얼른 먹어야겠네. 우리 조카. 너희는 전에 생일 파티 때 왔었지?"

"네. 안녕하세요."

"그래. 저기 음식들이 있으니 맛있게 먹으렴."

하린 이모는 아이들을 위한 테이블을 마련해 주고는 다시 조리대 쪽으로 갔다. 하린이는 배가 고프다고 하면서도 음식을 적당히 펐다. 민지와 연지도 음식을 먹을 만큼 담으려고 애썼다. 애쓴 보람이 있는지 세 사람 모두 접시를 싹싹 비웠다. 음식을 다 먹고 나서 퍼 온 식혜를 마시며 민지가 물었다.

"근데 하린아. 너도 벌금 내?"

"응? 벌금이라니."

"저기 천 원 벌금 있잖아. 음식 남기면 내는 거."

"아, 저건 벌금이 아니야. 기부금이야."

"억지로 내야 하면 벌금이지 뭐."

민지의 말에 연지는 슬그머니 하린이 눈치를 보았다. 하린이는 민지의 말에 조금 억울한 표정이 되었다. 마침 하린 이모가 접시에 케이크를 담아서 이쪽으로 왔다.

"새로 만든 메뉴인데, 한번 시식해 줘."

"이모, 이거 다 못 먹으면 나 벌금 내?"

"응? 벌금이라니?"

"저거, 다들 벌금이라고 생각하잖아. 음식 다 못 먹어서 내는 벌금."

하린이가 벽에 붙은 안내문을 가리켰다. 그러면서 구시렁거렸다.

"저런 규칙 괜히 만들었어. 맨날 오해나 받고."

연지와 민지는 쉽사리 말을 떼지 못했다. 하린 이모도 난처한 표정으로 하린이를 보았다. 연지는 어렵사리 입을 뗐다.

"하린아. 나는 이 규칙이 좋은 것 같아. 음식을 고를 때 조금 고민하긴 하지만, 고민하면 좀 어때? 그래도 음식을 남기지 않으니까 뿌듯해. 기부금이 없었으면 이렇게 고민하지 않았을 것 같아."

민지도 냉큼 말을 이었다.

"맞아. 그리고 많이 담으면 많이 먹게 되니까. 살도 많이 쪄. 나 똥배 나와서 다이어트 해야 한단 말이야."

익살스러운 민지의 말에 하린이도 웃음을 터트렸다. 분위기가 부드러워지자 하린 이모도 케이크를 테이블에 놓고 자리에 앉았다.

"가끔 오해를 받긴 해도 규칙은 두고 싶네. 사람들이 음식을 버리지 않도록 고민하게 되니까."

"그래도 이모가 안 좋은 소리 듣는 거 싫어."

하린이의 말에 민지는 속으로 뜨끔했다. 하린이 생일 파티 날 민지 엄마가 한 말이 떠올랐기 때문이다.

"안 좋은 소리를 듣는 것보다 먹을 음식이 없어서 쫄쫄 굶는 날이 오는 게 더 싫은데?"

"음식이 없어서 쫄쫄 굶어요?"

연지와 민지는 어리둥절해졌다. 당장 식당에도 먹을 게 많은데 무슨 소리일까? 게다가 먹을 것이 없어 굶는 것은 얼마 전 캠페인에서 본 아프리카 어린이들의 이야기라고만 생각했다.

아이들의 반응을 익히 예상했는지 하린 이모가 말했다.

"얘들아, 혹시 알고 있니? 지구 온난화 때문에 세상에 있는 식량이 점점 줄어들고 있다는 걸."

"지구 온난화요?"

"그래. 기온이 오를수록 우리가 먹을 곡물을 키우기가 어려워지거든. 기후 위기로 가뭄과 홍수 같은 이상 기후가 심해져서 농사도 힘들어진단다. 빙하가 녹으면서 해수면도 올라서 땅도 점점 줄어들고, 바닷물이 땅에 스며들어 농사도 망치지. 그러면서 전 세계에 밥이 없어 굶어 죽는 사람들도 늘고 있어. 특히 아시아와 아프리카 나라가 심각해."

아이들은 얼떨떨한 표정이 되었다. 기후 위기가 그렇게 곡물을 키우는 데 치명적일 줄은 생각지 못했다.

"아시아에는 우리나라도 있잖아요."

연지의 말에 하린 이모는 고개를 끄덕였다.

"우리나라는 농사지을 땅이 좁은데, 인구가 많아서 식량을 외국에서 사 오고 있어. 외국에서 식량을 사 올 수 없게 되면 우리도 언제든 먹을 것이 부족해질 수 있지. 그래서 우리나라도 기후 위기로 식량 위기에 처할 위험이 아주 큰 나라 중 하나야."

세 아이들은 깜짝 놀랐다. 우리나라가 식량 위기의 위험이 심각한 나라라니. 한 번도 먹을 것이 부족하다는 생각을 해 본 적이 없었기 때문에 너무 뜻밖이었다. 마트에만 가도 원하는 음식은 뭐든 사 먹을 수 있었다. 민지는 유튜브에서 본 망고스틴이 먹고 싶다고 하니까, 엄마가 바로 마트에 가서 사다 준 적도 있었다.

그래서인지 하린 이모의 말이 뭔가 뜬금없게만 느껴졌다. 아이들의 표정에서 그런 마음이 나타났는지 하린 이모는 부드럽게 웃었다.

"잘 실감 나지는 않을 거야. 우리 문화는 음식을 넉넉히 만들고 대접하는 걸 좋게 생각하니까. 음식을 조금만 주면 인심이 박하다고 흔히 생각하지."

아이들은 고개를 끄덕였다. 민지 엄마만 해도 이 식당의 규칙을 보고 마음을 불편하게 만든다고 말했다. 그게 아마도 음식에 대한 이런 문화 때문일 것이다.

"하지만 그래서 음식을 차고 넘치게 만들어서 버리는 일도 많아. 다들 식량에 대한 위기감을 느끼지 못하고 있지. 마치 지구 온난화처럼 말이야. 심각하다고 말은 하지만 직접 실감하지 못해. 하지만 식량 위기는 곧 닥쳐올 현실이니 잘 알아 둬야 해. 너희

그거 아니? 음식물을 폐기하는 비용도 어마어마하게 든다는 걸."

"음식을 폐기하는 데도 돈이 들어요?"

연지가 묻자 하린 이모가 고개를 끄덕였다.

"응. 우리는 그저 음식물 쓰레기통에 버리면 끝이라고 생각하지만, 그걸 잘 폐기하는 데도 많은 시설과 비용이 필요해. 우리가 음식을 낭비하지 않는다면 그 비용을 아낄 수 있고, 쓸데없는 음식 쓰레기도 줄게 될 거야. 그건 지구에도 매우 좋은 일이지. 그리고 그 비용을 아껴 먹을 것이 없는 사람들에게 도움을 준다면 훨씬 더 좋을 거고."

하린 이모의 말을 들으니 연지는 하린 이모가 왜 이 규칙을 만들었는지 알 것 같았다. 조금 불편해도, 주변에서 쓴소리를 들어도 더 지키고 싶은 무언가가 있기 때문일 것이다.

"음식을 담을 때마다 좀 고민하긴 해도 이렇게 생각하면 어떨까? 이 음식은 정말 소중한 거라고. 그러니까 절대 낭비하지 않겠다고 말이야."

"이 규칙이 더 많은 식당에 생겼으면 좋겠어요."

연지는 진심을 담아 말했다. 하린이는 연지의 말을 듣자 함박웃음을 지었다. 민지도 발그레진 얼굴로 고개를 끄덕였다.

하린 이모는 아이들을 보며 밝게 미소 지었다.

식량 위기는 모두에게 똑같이 찾아오지 않는다

우리의 일상을 보면 아직 식량 위기는 먼 나라의 이야기처럼 느껴져. 거리에는 다양한 식당들이 아주 많아. 뷔페식당에서는 늘 먹고 싶은 만큼 양껏 음식을 담아서 먹고 남기는 일이 잦아. 밥을 먹기 싫어서 굶은 적은 있어도, 음식이 없어서 굶은 적은 별로 없을 거야. 냉장고만 열어도, 마트나 편의점만 가도 언제나 먹을 것이 가득한 환경에서 살아가고 있으니까.

그러나 지구 저편에서는 음식이 없어서 고통받고, 굶주림에 죽어가는 이들이 존재해. 아프리카의 많은 어린이들은 여전히 기아에 시달리고 영양실조에 걸려. 세계적인 사회학자 장 지글러는 자신의 책 『왜 세계의 절반은 굶주리는가?』에서 전 세계인이 먹을 만큼 식량이 충분하지만 제대로 분배되지 않을 수 있다고 했어. 나라 간의 거래를 통해 식량을 주고받기 때문에 이 과정에서 생겨나는 다양한 문제로 제대로 식량이 이동하지 못하고 있어서야. 그래서 식량이 있어도 여전히 굶주림에 고통받는 사람들이 있는 거야.

식량 위기 또한 마찬가지야. 기후 위기로 인해 식량을 생산하는 양이 점점 줄어든다고 해도, 이 위기는 모두에게 똑같이 찾아오는 것은 아니야. 어떤 나라는 식량 위기에도 잘 버틸 수 있고, 어떤 나라는 더욱 힘들어질 수 있어.

세계적인 식량 생산 국가들은 대부분 경제력이 강한 나라들이야

흔히 사람들은 농사를 짓는 것보다 도시에서 직장 생활을 하는 것을 더 좋게 보고, 더 나은 일자리라고 생각하는 경향이 있어. 우리나라 역시 공업, 지식 산업 위주로 개발해서 농업에 종사하는 사람들의 수는 점점 줄고 있지. 농업보다 공업, 지식 산업이 더욱 중요한 산업이라는 인식도 많아. 하지만 이것은 편견에 불과해.

세계적으로 농업이 발달한 나라들을 보면 선진국들이 아주 많아.

농업 기술에 많은 돈을 들여 개발하고 투자하는 선진국

미국, 캐나다, 유럽의 나라들은 다른 산업도 잘하지만 농업도 아주 잘해. 혹은 인도, 중국, 러시아과 같이 세계 경제에서 큰 힘을 휘두르는 나라들도 있지. 왜 강대국들이 농업도 잘하는 걸까? 과학 기술이 발전하면서 농업에도 기술력이 많이 사용되게 되었어. 병충해에 강한 종자를 개발하고, 적절한 비료를 마련하고, 농사에 필요한 기반 시설을 잘 갖추어야 농업도 잘할 수 있거든. 이를 바탕으로 농수산물, 축산물을 대량으로 생산해 내고 전 세계 곳곳으로 수출하지.

혹 식량 위기가 닥친다 해도 농업이 발달한 나라들은 위기를 잘 넘길 가능성이 커. 왜냐하면 국민들이 먹을 식량을 스스로 만들어 낼 능력이 있거든. 그러니 절대로 농업을 가볍게 생각해서는 안 돼. 오히려 농업이야말로 미래에 더욱 중요해질 거야. 식량 위기가 심각해지면서 각 나라가 식량을 직접 만들어 내는 것이 더욱 중요해지고 있어. 우리나라 역시 식량 자급률을 높이기 위해 농업을 발전시키는 데 더욱 힘쓰고, 식량을 더욱 많이 만들기 위해 노력을 기울여야 해.

매년 전 세계 음식의 30%가 버려지고 있다고?

2021년 세계자연기금(WWF)은 전 세계적으로 25억 톤의 식량이 그냥 버려지고 있다는 연구 보고를 발표했어. 세계식량기구(WFP) 역시 매년 전 세계 식량의 30%가 낭비되고 있다고 밝혔지. 식량 위기를 걱정하는 지금, 아깝게 버려지는 식량이 저렇게나 많다는 사실이 무척이나 충격적이야.

호주, 미국 등 식량 낭비가 심한 나라들은 대부분 식량 생산 대국이자 선진국이야. 식량이 많은 나라들은 너무 풍족하게 그것을 누리고 있어. 저개발국, 개발 도상국과 비교했을 때 선진국들은 훨씬 더 식량을 많이 소비해. 그만큼 버리기도 많이 버리지.

우리나라 역시 만만치 않게 음식을 버려. 우리나라의 음식물 쓰레기 양은 점점 늘다 2019년 하루 동안 버려지는 음식물 쓰레기가 2만 톤을 넘어섰어. 그중 1/4은 아예 먹기도 전에 버려졌어. 오랫동안 빈

기아에 시달리는 나라 사람들과 대조적으로
먹지도 않고 음식을 버리는 사람들

곤과 기아에 시달리는 나라가 있는데, 우리는 이렇게 많은 음식을 버리고 있다는 현실이 씁쓸하기도 해. 게다가 우리나라는 식량 자급률이 OECD 국가 중 꼴찌야. 그런데도 음식물 낭비가 심하다는 것에 경각심을 가져야만 해. 먹을 것은 부족한 것보다 넉넉한 것이 낫다는 생각으로 음식을 낭비하고 있지는 않은지 스스로 돌이켜 봐야만 하지. 그리고 음식물을 낭비하지 않기 위한 실천을 해야 해.

식량 낭비는 기후 위기에도 더욱 안 좋은 영향을 줘. 식량을 만드는 데는 많은 자원이 들어가거든. 많은 물이 필요하고, 기반 시설을 유지하기 위해 전기 등 에너지가 쓰여. 식량을 운송하는 데 이산화탄소도 많이 발생하지. 가축을 키우면서 메탄과 같은 온실가스도 생겨나.

이렇게 많은 자원과 환경 오염을 감수하고 만든 식량을 먹지도 않고 버린다는 건, 그만큼 기후에도 안 좋은 일만 해 놓고 버린다는 얘기야. 게다가 음식물 쓰레기를 처리하는 데도 많은 온실가스가 나오고 환경이 오염돼. 환경을 지키고 기후 위기를 막기 위해서라도 음식 낭비를 줄이는 일에 우리 모두가 발 벗고 나서야만 해.

열악한 시설로 인해 애써 구한 식량을 먹지도 못하고 버리고 있어

음식물을 버리는 일은 저개발국에서도 일어나. 그런데 선진국과는 조금 다른 이유야. 선진국이 음식이 너무 남아돌고, 낭비하면서 버리고 있다면 저개발국은 음식이 부족한데도 버리고 있어. 바로 음식을 저장하고 보관할 만한 시설이 미비하기 때문이야. 저개발국에는 전기 시설이 취약해 냉장, 냉동 보관이 어려워서 버리는 일이 많아. 식량을 잘 키워 내 수확하고 나서도 잘 가공하거나 관리하지 못해 식량이 상해서 버리는 거야.

또한 저개발국은 사람들이 주로 농업에 종사하며 살고 있어. 그런데 농기계나 관개 시설 등 농업에 필요한 기반 시설을 갖추지 못한 경

냉동, 냉장 시설이 없고 운반할 도로 등 기반 시설들이 없어 식량이 상해서 버리는 저개발국

우가 많아. 일일이 사람들이 손으로 수확해야 하는데 제때 농작물을 다 수확하지 못해서 그대로 버리는 일도 많지.

게다가 기후 위기는 이러한 저개발국의 식량난을 더욱 부채질해. 지구 온난화로 열대 지역과 건조 기후 지역은 지구의 기온이 1도만 올라도 작물을 수확하는 양이 줄어들어. 공교롭게도 이 지역에는 저개발국, 개발 도상국들이 많아. 식량을 구할 돈도 부족한 나라들이 많지. 식량 위기가 닥치면 각종 물가가 오르는 데 상대적으로 경제력이 있는 나라들보다 경제력이 약한 저개발국이나 개발 도상국들이 더 파탄에 빠질 가능성이 커. 그런 와중에 이 나라들은 지리적인 위치 때문에 기후 위기로 식량도 부족하게 생산될 가능성이 큰 거야.

이처럼 식량 위기가 닥쳐온다고 해도 모두 똑같이 위기를 겪는 건 아니야. 식량을 많이 생산하는 나라들은 기후 위기로 인해 식량이 적게 생산되어도 버틸 수 있는 여력이 있어. 원래 식량이 많이 생산되어 다른 나라로 수출하던 상황이었으니 수출을 막고 자기 국민을 먹일 식량으로 쓰는 거지.

지금의 기후 위기를 불러온 책임을 묻는다면 저개발국보다는 선진국이 더욱 커. 무분별하게 화석 연료를 쓰고 이산화탄소를 엄청나게 배출하는 것도 선진국이지. 그러므로 저개발국이 겪고 있는 식량난에 책임 의식을 가져야만 해. 이 나라들이 농업에 필요한 기술과 시설을 갖춘다면 애써 구한 식량을 버리는 일도 줄게 될 거야. 이를 위해서는 기술력을 갖춘 농업 선진국들의 도움이 필요해.

음식물 낭비를 줄이기 위한 실천을 해 보자

우리나라는 예부터 음식을 넉넉히 해서 이웃과 나누어 먹고, 손님에게 대접할 때 음식을 가득 담아 내는 것을 미덕으로 여겼어. 밥 한 끼를 먹더라도 많은 반찬을 내오고, 음식이 부족하면 인심이 박하다고 여기며, 음식을 주는 사람을 탓했지. 하지만 이런 음식 문화 때문에 음식물 쓰레기가 많이 나오는 것이 사실이야. 먹을 것이 부족하던 옛날에는 귀중한 음식을 나누고 대접하는 것으로 서로 정을 주고받았지만 지금은 그렇지 않아. 이제 지구를 위해서, 우리 미래를 위해서라도 음식 낭비를 줄이기 위해 노력해야 해.

● **무분별한 식재료 사재기는 그만!**

마트에는 대량으로 사면 더 많이 세일을 하는 식재료들이 많아. 좀 더 싼 가격으로 사고 싶은 마음에 대량으로 식재료를 사기 쉽지. 그렇게 산 식재료를 충분히 활용하면 다행이지만 그렇지 못하고 오랫동안 보관만 하다 버리는 일도 많아. 혹은 많이 사 둔 식재료를 쓰기 위해 음식을 더 많이 만들어 과식을 하거나 남기는 일도 많지. 꼭 필요한 만큼만 적당한 양의 식재료를 그때그때 사는 것이 음식 낭비를 줄이는 길이야.

● **주기적으로 냉장고를 정리하기**

냉장고를 자세히 살펴보면 유통 기한이 훌쩍 지난 음식도 꽤 있어. 혹은 이미 있는데도 모르고 또 식재료를 사는 경우도 많지. 이제부터

마트나 시장에 가기 전에 냉장고 정리부터 하자. 우리 집 냉장고에 무엇이 있고 없는지를 잘 알아 두면 식재료 낭비를 막을 수 있어.

● **음식은 꼭 먹을 만큼만 덜고, 남김없이 먹기**

뷔페나 급식 등 내가 먹을 것을 직접 골라서 담는 경우에는 여러 가지를 맛 보고 싶은 마음에 많이 담기 쉬워. 그래서 음식을 남기는 일이 아주 많지. 너무 과식하지 않을 정도로, 꼭 먹을 만큼만 음식을 담도록 신경을 써 보자.

남김없이 다 먹기

또한, 집에서 밥 먹을 때에도 밥 공기는 비워도 반찬까지는 다 비우지 못하는 경우가 많아. 남는 반찬은 버리기 일쑤지. 반찬을 통째로 꺼내 먹지 말고, 먹을 만큼만 접시에 덜어 두고, 끼니마다 남김없이 먹는 것이 좋아. 그렇게 하면 한 끼니에 내가 얼마나 반찬을 먹는지 알 수 있어. 음식을 먹는 양을 예측하는 습관은 음식 낭비를 막는 데 아주 중요해. 적당한 양의 반찬을 만들어 음식 낭비를 줄일 수 있어.

이야기 넷

어서 오세요!
미래 식량 박람회입니다

"삼촌!"

연지가 버스에서 내리는 삼촌을 보고 손을 마구 흔들었다. 삼촌도 마중 나온 연지와 연지 엄마를 보고는 한걸음에 다가왔다.

"누나, 잘 지냈어? 연지는 고새 키가 더 컸네?"

"헤헤. 삼촌이 보내 준 옥수수 먹고 더 컸나 봐요."

반갑게 인사하는 두 사람을 보고 연지 엄마가 웃으며 말했다.

"시간 맞춰서 잘 왔네. 얼른 가자."

엄마의 말에 삼촌도 고개를 끄덕였다.

세 사람은 오늘 아주 특별한 나들이를 하기로 했다. 바로 '지속 가능한 미래 식량 박람회'에 가기로 한 것이다. 기자인 엄마가 농업과 식량에 관심을 보이자 동료 기자 분이 박람회가 열린다는 소식을 알려 주었다. 엄마는 이참에 삼촌도 불러 함께 박람회에 가기로 했다. 몇 년째 달라지는 기후 때문에 삼촌도 농사에 고민이 많았기 때문이다. 연지 역시 엄마를 졸라 따라왔다. 연지는 하린이네 이모에게서 들은 식량 위기에 대해 좀 더 알고 싶었다.

세 사람은 박람회가 열리는 곳으로 향했다. 널찍한 홀에는 다양한 부스와 체험관이 곳곳에 설치되어 있었다. 체험관에서는 여러 종류의 미래 식량을 직접 맛볼 수 있었다. 시식을 돕는 사람들이 요리를 선보이고 있었다. 그중 한 부스로 연지가 다가갔다.

"엄마, 이건 콩고기 아니에요?"

연지가 묻자 엄마는 고개를 끄덕였다.

"맞아. 고기를 대체하기 위해 콩으로 만든 제품이야. 연지는 콩고기를 먹어 본 적 있니?"

"아뇨, 한 번도 없어요."

연지의 말에 삼촌이 소분해서 담겨진 콩고기 접시를 가져왔다.

"자, 한번 먹어 보자. 삼촌도 처음 먹어 보는 거야."

세 사람은 조리된 콩고기 요리를 맛보았다. 생각보다 고기 맛과 비슷해 연지는 깜짝 놀랐다.

"엄마, 근데 왜 콩고기가 미래 식량이에요?"

"음. 육식을 줄이는 것이 미래 식량을 위해서는 좀 더 나은 선택이기 때문이야. 지구 온난화를 더 심하게 만드는 게 바로 온실가스잖아? 그런데 소가 뀌는 방귀에 든 메탄도 온실가스의 한 종류야. 메탄은 이산화탄소보다 훨씬 온실 효과가 강력해. 그래서 소를 많이 키우면 키울수록 지구 온난화도 심해진단다. 육식을 많이 하면 그만큼 지구 온난화가 더 심해지는 거야."

삼촌도 익히 아는 상황인지 말을 덧붙였다.

"게다가 소를 키우겠다고 멀쩡한 숲을 태워 없애는 일도 많아. 숲은 이산화탄소를 흡수해 주는 소중한 존재인데, 점점 면적이 줄어들고 있지. 미래를 지키려면 육식보다는 채식을 하는 것이 좋아."

연지는 고기를 많이 먹는 것이 환경에 끼치는 영향에 깜짝 놀랐다. 다행히 콩고기로 만든 음식이라면 얼마든지 고기 대신 먹을 수 있을 것 같았다. 콩고기로 조리된 불고기 옆에는 초록빛 채소가 가득 쌓여 있었다.

"이건 그냥 채소인데, 이것도 미래 식량인가요?"

연지의 말을 들은 콩고기 업체 직원이 말했다.

"아, 이건 스마트 농업으로 키워 낸 채소예요. 저쪽 부스로 가 보시면 좀 더 자세히 알 수 있을 거예요."

"아, 네. 감사합니다."

세 사람은 직원이 알려 준 구역의 부스로 향했다. 다양한 원예 기술과 스마트 농업 기술에 대해 소개하는 구역이었다. 부스에 도착하자 삼촌이 감탄을 터트렸다.

"빌딩에서 농사를 짓는다니!"

놀랍게도 바로 빌딩에서 농사를 짓는 기술을 소개하고 있었다. 부스의 직원이 삼촌에게 다가와 설명했다.

"맞습니다. 우리나라는 국토가 좁아서 농사지을 땅이 많지 않아요. 농업보다 제조업, 지식 산업에 종사하는 사람들이 많고요. 그러니 국민을 먹일 식량을 외국에서 사들여 올 수밖에 없어요. 하지만 지구 온난화로 식량은 점점 줄어들 텐데, 이에 대한 대처가 반드시 필요합니다. 빌딩 농장은 거대한 온실에서 층마다 농사를 짓는 방식입니다. 땅이 좁으니 면적을 넓히기 위해 층을 높이는 거지요."

연지는 빌딩에서 농사를 짓는다는 것이 잘 상상되지 않았다.

"빌딩 안에 있으면 식물들이 햇빛을 볼 수 없잖아요."

"그건 LED와 같은 인공 빛을 주면 됩니다. 바람도, 물도 조절이 가능하죠. 산소, 이산화탄소도 조절해 줘요. 수많은 빅데이터들을 이용해 작물이 자라는 데 최적의 환경을 만들어 주는 거지요. 오히려 바깥보다 더 재해로부터 안전할 수 있답니다. 실제로 유럽에서는 이 방식으로 식량 생산량을 늘렸어요."

삼촌은 직원의 설명을 들으면서 기술을 소개하는 안내 책자를 들여다보았다.

"이 방법을 쓰면 실내에서 작물을 키우기 때문에 기후에 영향을 크게 받지 않겠네요."

"네. 맞습니다. 태양열을 이용해 전기를 만들어 쓰기 때문에 지구 온난화를 막는 데도 도움이 됩니다. 게다가 우리나라처럼 도시에 주로 인구가 모여 있는 나라라면 빌딩 농장은 식량 위기를 해결할 좋은 대안이 될 수 있어요."

뭔가 희망을 본 기분이었다. 땅이 좁은 나라여도, 기후가 불안정해도 충분히 식량을 만들어 낼 수 있다는 말에 세 사람의 얼굴이 밝아졌다. 또 다른 부스를 향해 걸음을 옮겼다.

"으엑, 이게 뭐예요?"

연지가 오만상을 찌푸리며 엄마 뒤로 몸을 숨겼다. 부스에는 다양한 곤충 이미지와 식품이 놓여 있었다. 엄마도 당황스러운 얼굴을 애써 감추며 말했다.

"이거야말로 미래 식량이네. 연지야, 유엔식량농업기구는 미래 식량으로 바로 곤충을 선정했어."

연지는 고개를 도리도리 저었다.

"말도 안 돼요. 곤충을 어떻게 먹어요."

"기후 위기로 식량을 생산하는 데 어려움이 커지고 있어. 인구는 계속 늘어나는데, 이들을 먹일 단백질원으로 곤충은 아주 좋은 먹거리야. 물론 그냥 먹는 건 아니야. 곤충의 생김새 때문에 사람들이 먹기 힘들어할 테니까."

삼촌이 마침 시식용 식품을 하나 집어 들었다. 식용 곤충을 가공해 가루를 만들어서 만든 쿠키였다. 삼촌은 거리낌 없이 쿠키를 한입 베어 먹었다.

"으악. 삼촌 진짜 먹으면 어떡해요!"

"왜? 먹으라고 둔 건데. 게다가 아주 맛있는데?"

삼촌은 쿠키를 맛깔스럽게 먹어 치웠다. 엄마도 삼촌이 건네준 시리얼을 맛보았다.

"생각보다 맛이 괜찮은데? 모르고 먹으면 그냥 평범한 시리얼인

줄 알 것 같아."

엄마도 아무렇지 않게 곤충 식품을 먹자 연지는 어찌할 바를 몰랐다. 그러다 눈을 꾹 감고 과자를 하나 입에 넣었다. 과자를 오물오물 씹던 연지의 눈이 번쩍 띄었다.

"어? 새우 과자 맛이 나요."

"그렇지? 이거 입맛에 맞아서 또 먹고 싶어질지도 모르겠는데?"

삼촌이 너스레를 떨자 엄마도 웃음을 터트렸다. 삼촌은 부스를 살피다 눈길을 끄는 문구를 발견했다.

"소금기에 강한 종자 연구도 있네?"

엄마가 삼촌이 본 부스를 구경하며 말했다.

"아무래도 빙하가 녹으면서 해수면이 자꾸 오르고 있으니까. 해안가 땅이나 섬나라들은 땅이 바닷물에 잠기면 소금기가 땅에 배어들잖아. 그러면 식물이 잘 자랄 수 없어. 그러니까 처음부터 소금기에 강한 씨앗을 만들어 내려고 하는 거지."

삼촌은 말없이 고개를 끄덕였다. 우리나라 역시 기후 위기로 인한 해수면 상승으로 앞으로 많은 땅이 잠길 가능성이 있었다. 게다가 기후 위기는 점점 심해지고 있다. 그렇기 때문에 앞으로는 기후 위기에 잘 버티는 작물을 만들어 내는 연구가 꼭 필요한 것일지 모른다.

연지는 언제까지나 먹을 것이 풍성하리라 여겼다. 그런데 이제 풍족한 밥상은 과거에만 기억되는 존재가 될 수도 있었다. 그리고 이렇게나 많은 연구와 노력으로 우리의 식량을 지키려고 애쓰고 있다는 사실도 놀라웠다.

박람회 구경을 마치고 집으로 향하는 길에 연지는 조금 기분이 가라앉았다. 정말 식량이 부족해지는 날이 오면 우리는 무엇을 먹게 될까?

"엄마, 정말 먹을 게 사라지지는 않겠지요?"

엄마는 연지의 머리를 쓰다듬으며 미소 지었다.

"그런 일이 없도록 해야지. 그러기 위해서는 지구 온난화를 잘 막는 것이 최선일 거야."

"그래. 아직 늦지 않았어. 지금부터라도 노력해 보자."

삼촌도 연지의 어깨를 두드렸다. 연지는 고개를 끄덕였다. 맛있는 밥, 달콤한 과일, 싱싱한 채소는 언제까지나 우리 곁에 머무는 것이 아니었다. 다양한 생물들과 공존하며 지구의 환경을 지켜야만 얻을 수 있는 것들이었다.

미래에 지속 가능한 식량을 위해 우리는 어떤 일을 해야 할까?

　이제껏 살펴보았듯이 우리의 식량은 언제까지나 풍족한 게 아니야. 이상 기후, 해수면 상승 등 기후 위기가 점점 심해질수록 식량 위기 역시 더욱 심각해질 수밖에 없어. 언제 어떻게 터질지 모르는 각종 국제 분쟁도 우리의 식량을 위협해.

　우리가 지금처럼 매 끼니를 맛있게 먹을 수 있으려면 무수한 노력을 기울여야 해. 우리의 식량을 미래에도 지속 가능하게 만들려면 어떻게 해야 할까? 그에 대한 해답은 지금까지 살펴본 위기들에 숨겨져 있어.

탄소 배출을 줄이고 지구 온난화를 막기 위해 노력해야 해

기후 위기는 선진국도 피해 갈 수 없어. 기후가 불안정하다면 우리는 무척 열악한 조건 속에서 식량을 만들어 내야만 해. 그것도 늘어나는 인구를 먹일 만큼 많이 만들어야 하지. 아무리 발달된 농업 기술을 활용하더라도, 바닷물에 잠긴 땅에서 농사를 짓는 것은 어려운 일이야. 또한 매년 강력해지는 태풍에 대비하는 것도 무척 힘든 일이야. 전 세계가 모두 높은 기술력을 가지고 농사를 지을 수는 없기 때문이야.

그렇기 때문에 우리가 식량을 마련하기 위해서는 궁극적으로 기후 위기를 막아야만 해. 그러기 위해서는 먼저 온실가스를 배출하는 화석 연료를 쓰지 않는 것이 중요해. 다양한 산업에서 화력 발전 대신에 재생 에너지로 바꾸어 나갈 필요가 있어.

무분별한 쓰레기를 줄이고 소비를 막는 것도 탄소 배출을 줄이는 일이야. 쓰레

먹을 만큼만 담아야지

음식물 낭비를 줄이기

를 소각하는 과정과 제품을 만들어 내는 과정에서 많은 오염 물질과 탄소가 나오기 때문이지.

또한 배출한 이산화탄소를 흡수시켜서 결과적으로 탄소 배출량을 0으로 만드는 '탄소 중립'을 실천하는 것도 중요해. 탄소를 흡수하는 데 가장 큰 역할을 하는 것은 바로 숲이야. 숲을 더욱 조성하고, 탄소를 잘 흡수하는 나무를 심는다면 큰 도움이 될 거야.

육식을 줄이고 채식 위주로 식사하자

고기 대신 채소를 많이 먹기

많은 환경 전문가들이 지구 온난화를 위해 채식을 하자고 이야기해. 온실가스의 1/4이 식품을 만드는 과정에서 나오는데, 이중 80%가 가축을 키우는 축산업에서 나오거든.

가축의 분뇨와 방귀 속에 든 메탄가스는 대표적인 온실가스야. 메탄은 이산화탄소보다 지구 온난화의 효과가 훨씬 커. 최대 80배까지 나온다고 해. 그러니 온실가스를 줄이고 기후 위기를 막기 위해서는 육식을 줄이고 채식을 늘리는 것이 좋아.

또한 소 등 가축을 키우기 위해 열대 우림이나 숲을 태우는 것도 문제야. 가축을 먹일 사료로 쓸 곡물을 키우기 위해 숲을 일부러 태워서 경작지를 만드는 거야. 숲은 온실가스를 흡수하는 소중한 자연인데 말이지. 이 소중한 숲을 더 늘리지는 못할망정 오히려 없애고 있는 현실이야. 우리가 채식을 한다면 고기를 얻기 위해 가축을 더욱 많이 키워 내는 일이 줄어들 거야. 그렇게 되면 축산업에서 나오는 온실가스도 줄고, 곡물 사료를 위해 숲을 없애는 일도 줄어들 거야.

로컬 푸드를 먹자

우리의 식탁에 오르는 먹을거리들은 많은 거리를 이동해서 우리에게 와. 식량 수출국에서 주로 배와 비행기와 같은 운송 수단에 실려서 식량이 전 세계로 이동하기 때문이지. 이 과정에서 화석 연료를 쓰기 때문에 많은 이산화탄소가 배출돼. 온실가스가 많아져서 기후 위기에도 안 좋은 영향을 주지.

외국산 식재료보다
우리나라 식재료를 사기

그러니 이렇게 먼 거리에서 온 식품이나 식재료보다 우리 주변에서 난 먹을거리를 택하는 것이 좋아. 바로 로컬 푸드를 먹는 거야.

'로컬 푸드'는 먼 거리를 이동하지 않고 우리 주변에서 생산한 농산물을 말해. 우리나라에서 난 농산물은 모두 로컬 푸드라고 봐도 돼. 로컬 푸드는 여러 가지 좋은 점을 가지고 있어. 일단 가까운 곳에서 나기 때문에 이동하는 과정에서 온실가스가 나올 염려가 적어. 주로 자동차로 운송을 하는데, 자동차는 배나 비행기보다 훨씬 적은 이산화탄소를 배출하거든.

그리고 로컬 푸드는 짧은 시간 내에 신선한 식재료를 받을 수 있기 때문에 불필요하게 농약을 많이 뿌리지 않아서 건강에도 좋지. 또한 산지와 가까워서 유통 과정이 단순해지기 때문에 농가에 돌아가는 이익도 더욱 커져. 이제 우리나라의 농가와 환경을 위해 로컬 푸드를 먹도록 하자.

스마트 농업으로
식량을 더욱 많이 생산하도록 노력해야 해

　국제 분쟁이나 전염병의 습격 등으로 인해 국제 운송이 멈춰 버리면 식량도 이동할 수가 없어. 그렇게 되면 식량 수입국의 경우, 식량을 들여오지 못해서 갑자기 식량난에 시달릴 수 있지. 이렇게 식량 공급이 끊겨서 생기는 식량 위기를 막기 위해서는 결국 식량 자급률을 높이는 것이 최선이야.

　그런데 우리나라의 경우, 국토가 대부분 산간 지역이라 농사를 지을 땅이 부족해. 또한, 농업을 주로 하는 지방에 사는 인구가 적어서 농업을 할 인력도 부족하지. 이러한 환경에서 어떻게 식량을 더 생산할 수 있을까?

　우리와 비슷한 환경 조건을 가지고 있지만 식량을 많이 생산하고 수출하는 나라들을 살펴보면 답을 찾을 수 있어. 네덜란드는 우리나라와 매우 비슷해. 국토 면적이 우리나라의 40%밖에 되지 않고, 간척지가 많아서 소금기 때문에 농업을 펼치기에 별로 좋지 않은 환경을 가졌어.

　예전에는 네덜란드 역시 우리나라처럼 농업을 별로 신경 쓰지 않았

네덜란드 기업 PRIVA에서 개발한 온실에서 사용되는 자동 센서
출처: 프리바 홈페이지 https://www.priva.com/horticulture

고, 농업에 종사하는 인구도 적었지. 하지만 식량 위기를 여러 번 겪은 뒤부터 농업에 큰 노력을 기울였어. 그래서 지금은 농업 강국이자 미국에 이어 두 번째로 농산물을 많이 수출하는 나라가 되었어. 채소와 과일이 네덜란드의 주력 수출품이야.

네덜란드가 농업 강국이 된 것은 농업 분야에 꾸준히 투자하면서 효과적인 기술을 개발했기 때문이야. 대표적인 사례가 바로 온실 농업이야. 네덜란드도 우리나라처럼 대규모로 농사를 지을 만큼 넓은 땅이 없어. 그래서 온실을 만들어서 그 안에서 작물을 재배했어. 작물이 잘 자라는 데 필요한 최고의 환경을 온실로 제공했지. 작물이 자라는 데 적절한 온도, 물, 습도, 환기를 유지하고, 부족한 부분을 빠르게 알아내서 채웠지.

그것이 가능했던 이유는 바로 첨단 기술을 활용했기 때문이야. 각종 센서들이 작물을 점검하고 흙의 상태를 측정해. 농부는 이 모든 것을 수집한 정보를 스마트 기기로 확인하고 환경을 조절해 나가는 거지. 그 결과, 좁은 땅에서도 가장 많은 작물을 수확해 낼 수 있는 거야. 온실에서 키우기 때문에 궂은 날씨나 자연재해에도 큰 영향을 받지 않아. 더 나아가 온실 빌딩과 같이 좁은 땅에서 더 많은 식량을 만드는 방법을 꾸준히 연구하고 있어.

우리나라 역시 농업 기술에 공을 들인다면 얼마든지 식량을 더욱 많이 만들어 낼 수 있을 거야. 그러기 위해서는 농업에 대한 많은 관심과 노력 그리고 투자가 반드시 필요해.

관련교과

3학년 2학기 사회 1단원	환경에 따라 다른 삶의 모습
4학년 2학기 사회 2단원	필요한 것의 생산과 교환
4학년 2학기 과학 5단원	물의 여행
5학년 1학기 사회 1단원	국토와 우리생활
6학년 2학기 사회 5단원	'우리가 만들어 가는 미래 사회'
6학년 도덕 6단원	함께 살아가는 지구촌
6학년 도덕	우리가 만드는 도덕 수업 2. 평화로운 세상을 향하여

공부가 되고 상식이 되는! 시리즈 ❶

신 나는 법 공부!

변호사 선생님이 들려주는
흥미진진한 법 지식과 리걸 마인드 키우기!

장보람 지음, 박선하 그림 | 168면 | 값 11,000원

국어, 사회, 과학, 기술, 도덕, 경제까지
교과목 공부가 되고
세상의 눈을 키우는
상식도 쌓아주는

사회과학 동화 시리즈

공부가 되고 상식이 되는! 시리즈 ❷

미래를 살리는
착한 소비 이야기

친환경 농산물, 동네 가게와 지역 경제,
대량생산vs동물복지, 저가상품vs공정상품

한화주 지음, 박선하 그림 | 148면 | 값 11,000원

공부가 되고 상식이 되는! 시리즈 ❸

적금은 뭐고 펀드는 뭐야?

동화로 보는 어린이 금융경제 교육의 모든 것!

김경선 지음, 박선하 그림 | 120면 | 값 11,000원

공부가 되고 상식이 되는! 시리즈 ❹

미래를 이끄는 어린이를 위한
소셜 미디어 이야기

1인 미디어, 실시간 정보검색, 온라인 인간관
계 길잡이, 올바른 SNS 사용규칙

한현주 지음, 박선하 그림 | 152면 | 값 11,000원

공부가 되고 상식이 되는! 시리즈 ❺

어린이를 위한
인공지능과 4차 산업혁명 이야기

과학 기술과 데이터, 로봇과 공존하는 인공지능 시대
를 살아갈 어린이 친구들을 위한 과학 동화

김상현 지음, 박선하 그림 | 163면 | 값 12,000원

공부가 되고 상식이 되는! 시리즈 ❻

어린이를 위한
따뜻한 과학, 적정 기술

어린이를 위한 "따뜻한 기술과 윤리적인 과학"
에 대한 흥미롭고도 실천적인 이야기!

이아연 지음, 박선하 그림 | 160면 | 값 12,000원

공부가 되고 상식이 되는! 시리즈 ❼

미래를 위한 따뜻한 실천,
업사이클링

버려진 물건에게 새 삶을 주는
따뜻한 실천에 대한 흥미진진한 이야기!

박선희 지음, 박선하 그림, 강병길 감수 | 144면 | 값 12,000원

공부가 되고 상식이 되는! 시리즈 ❽

어린이를 위한
동물 복지 이야기

동물과 함께 행복해지기 위한 윤리적인 선택,
그에 대한 흥미롭고도 실천적인 이야기!

한화주 지음, 박선하 그림 | 166면 | 값 12,000원

공부가 되고 상식이 되는! 시리즈 ❾

지구와 생명을 지키는
미래 에너지 이야기

"행복하고 안전한 미래를 맞이하려면
에너지 문제를 반드시 해결해야 해요!"

정유리 지음, 박선하 그림 | 162면 | 값 12,000원

공부가 되고 상식이 되는! 시리즈 ❿

생명을 위협하는 공기 쓰레기,
미세먼지 이야기

"왜 미세먼지는 나아지지 않고
점점 심해지는 걸까?"

박선희 지음, 박선하 그림 | 160면 | 값 12,000원

공부가 되고 상식이 되는! 시리즈 ⓫

어린이를 위한
4차 산업혁명 직업 탐험대

"달라진 일의 미래, 나는 어떤 일을 하게 될까?"

김상현 지음, 박선하 그림 | 167면 | 값 12,000원

공부가 되고 상식이 되는! 시리즈 ⑫

어린이가 알아야 할
가짜 뉴스와 미디어 리터러시

"뉴스는 무조건 믿어도 되는 걸까요?"

채화영 지음, 박선하 그림 | 144면 | 값 12,000원

공부가 되고 상식이 되는! 시리즈 ⑬

지구가 보내는 위험한 신호,
아픈 바다 이야기

"지속 가능한 바다를 위해
우리는 어떤 일을 할 수 있을까?"

박선희 지음, 박선하 그림 | 161면 | 값 12,000원

공부가 되고 상식이 되는! 시리즈 ⑭

어린이를 위한 미래 과학,
빅데이터 이야기

"이제 분야를 막론하고 미래 세상을 이끌어갈
사람들은 모두 빅데이터를 알아야만 해!"

천윤정 지음, 박선하 그림 | 159면 | 값 12,000원

공부가 되고 상식이 되는! 시리즈 ⑮

세상을 따뜻하게 만드는
착한 디자인 이야기

좋은 디자인은 그 자체로
세상을 바꾸는 발명이 된다!

정유리 지음, 박선하 그림 | 155면 | 값 12,000원

공부가 되고 상식이 되는! 시리즈 ⑯

지구와 미래를 위협하는
우주 쓰레기 이야기

"우주 과학이 발전하는 만큼
우주 쓰레기는 더 많아진다고?"

김상현 지음, 박선하 그림 | 136면 | 값 12,000원

공부가 되고 상식이 되는! 시리즈 ⑰

어린이를 위한
가상현실과 메타버스 이야기

"진짜보다 더 진짜 같은 가상 세상이 온다!"

천윤정 지음, 박선하 그림 | 152면 | 값 12,000원

공부가 되고 상식이 되는! 시리즈 ⑱

환경을 지키는
지속 가능한 패션 이야기

"옷 한 벌에 담긴 따뜻한 마음이야말로
세상을 아름답게 지켜 내!"

정유리 지음, 박선하 그림 | 152면 | 값 12,000원

공부가 되고 상식이 되는! 시리즈 ⑲

경제를 아는 어린이로 이끌어 주는
주식과 투자 이야기

"지구를 지키는 일만 하고 경제 공부는 처음인
전설의 히어로즈, 얼결에 주식회사를 세우다?"

김다해 지음, 박선하 그림 | 156면 | 값 12,000원

공부가 되고 상식이 되는! 시리즈 ⑳

어린이가 알아야 할
바이러스와 팬데믹 이야기

"눈에 보이지 않는 바이러스의 습격,
어떻게 막아야 할까?"

정유리 지음, 박선하 그림 | 131면 | 값 12,000원

공부가 되고 상식이 되는! 시리즈 ㉑

기후 위기 시대,
어린이를 위한 기후 난민 이야기

"도와주세요! 날씨가 우리 집을 빼앗았어요!"

박선희 지음, 박선하 그림 | 144면 | 값 13,000원

공부가 되고 상식이 되는! 시리즈 ㉒

디지털 미래의 어두운 그림자,
전자 쓰레기 이야기

"독성과 잠재력을 함께 지닌
'전자 쓰레기'의 모든 것!"

김지현 지음, 박선하 그림 | 116면 | 값 13,000원

공부가 되고 상식이 되는! 시리즈 ㉓

미래를 살아갈 어린이들이 꼭 알아야 할
민주주의와 선거

"선거일은 그냥 노는 날이고,
정치는 어른들이 하는 거 아닌가요?"

천윤정 지음, 박선하 그림 | 142면 | 값 13,000원